O SERMÃO DA MONTANHA

Lições sobre a Felicidade

JOSÉ NEIVALDO DE SOUZA

O SERMÃO DA MONTANHA

Lições sobre a Felicidade

EDITORA
SANTUÁRIO

Dados Internacionais de Catalogação na Publicação (CIP) de acordo com ISBD

S729s Souza, José Neivaldo de

O sermão da montanha: lições sobre a felicidade / José Neivaldo de Souza. - Aparecida, SP : Editora Santuário, 2021.
120 p. ; 14cm x 21cm.

ISBN: 978-65-5527-059-4

1. Religião. 2. Cristianismo. 3. Sermão da Montanha. I. Título.

CDD 240
2020-3167 CDU 24

Elaborado por Vagner Rodolfo da Silva - CRB-8/9410

Índice para catálogo sistemático:
1. Religião : Cristianismo 240
2. Religião : Cristianismo 24

1ª impressão

Rua Pe. Claro Monteiro, 342 – 12570-000 – Aparecida-SP
Tel.: 12 3104-2000 – Televendas: 0800 0 16 00 04
www.editorasantuario.com.br
vendas@editorasantuario.com.br

Por meio da meditação e da contemplação,
podemos aprender, por exemplo, que a paciência é o antídoto mais potente para a raiva, a satisfação para a ganância, a coragem para o medo e a compreensão para a dúvida. Não é muito útil se rebelar contra os outros. Devemos nos esforçar para mudar a nós mesmos.

Dalai Lama

Ser feliz

***SER FELIZ* é** o que importa! No calendário da ONU, no dia 20 de março, celebra-se o Dia Internacional da Felicidade. Mas qual é o critério para a medição da felicidade? Ao ler um artigo sobre a felicidade no Brasil, confesso que fiquei surpreso com a estatística. Ariano Suassuna dizia que existem três tipos de mentiras: a comum, a deslavada e a estatística. A diferença é que esta última é mais aceitável. Brincadeira à parte, toda mentira tem um fundo de verdade!

Segundo o Relatório Mundial da Felicidade, da ONU, em doze meses, o país do Carnaval, do futebol, das belas praias, do samba e das mulatas despencou, dentre os 156 países pesquisados, da 22ª para a 28ª posição. A chamada da matéria era: "ONU aponta: Brasil ficou mais triste em 2017". Apesar do relatório considerar a renda per capita, outros aspectos, como: liberdade, justiça, segurança, saúde e educação, entraram como critérios de análise da Felicidade Nacional Bruta (FNB). Essa situação nos preocupa e nos faz pensar no futuro de nossos jovens e nossas crianças.

Deepak Chopra observa, com razão, que a probabilidade de uma criança ser infeliz aumenta, e muito, se os pais e suas principais influências são infelizes. Quando há decadência de valores, responsáveis pelo bem-estar da pessoa, há um crescimento na procura de paliativos que tragam alívio à dor de viver. Muitas vezes, as drogas cumprem essa função, mas não resolvem, causam dependência e contribuem, mais ainda, para o aumento da culpa e da tristeza.

Há hábitos saudáveis que ajudam a ser mais feliz. Entre eles, os exercícios físicos, psíquicos e espirituais. Eles não só reduzem o estresse e a ansiedade, como também, ao liberarem endorfinas, reanimam a pessoa em sua relação com a natureza, consigo mesmo, com os outros e com Deus.

Eu teria muito o que dizer dos exercícios físicos e do contato com a natureza, pois eles nos estimulam a sair da rotina, muitas vezes fechada e angustiante, para a brandura de um ambiente aberto e suave. No entanto eu quero ressaltar a prática da meditação como uma ação favorável às relações pessoais e, portanto, a uma vida mais feliz, tanto no plano físico, como na dimensão psíquica e espiritual.

No plano físico, Deepak Chopra em seu livro *Caminho para a Felicidade Suprema* aponta os benefícios da meditação para a saúde. Ele observa que ela "altera o cérebro de maneiras muito positivas... ativa o córtex pré-frontal – onde está localizado o pensamento mais elevado – e estimula a liberação de neurotransmissores", que estão relacionados ao estado de felicidade: "A dopamina é um antidepressivo; a serotonina está associada ao aumento da autoestima; a oxitocina acredita-se agora que seja o hormônio do prazer; as endorfinas são analgésicos da dor". A meditação, favorecendo a criação desses neurotransmissores, favorece o bem-estar físico.

Na perspectiva psíquica e existencial, Epicuro, filósofo grego do século IV a.C., dizia que a meditação favorece a saúde e é útil tanto ao jovem quanto ao ancião. Cuidando das coisas simples da vida, o velho se sente rejuvenescer ao meditar sobre seu passado e as situações que o ajudaram a ser feliz; o jovem, ao se enxergar ancião, alegra-se, pois a meditação o ajudará a não temer o futuro. A felicidade é o que move a vida humana: "Estando ela presente tudo temos, e, sem ela, tudo fazemos para alcançá-la".

Na sabedoria judaico-cristã, a meditação ajuda, no plano espiritual, a discernir os caminhos da justiça e do amor. O livro de Provérbios (15,28) nos orienta: o justo busca respostas na meditação e nela seu coração se tranquiliza. Os Salmos também ensinam que a meditação ajuda a ver o mundo e a julgá-lo, com segurança, segundo a lei de Deus. Gosto da metáfora do Salmo 1: quem medita à luz do amor é comparado a uma árvore plantada à beira de um rio, ela dá frutos na estação certa permanecendo sempre frondosa e saudável. Meditando dia e noite, podemos discernir entre justiça e corrupção, violência e paz, e viver dias felizes, como bem escreve o autor do Salmo 34.

São Paulo, em sua carta aos filipenses (4,8), aconselha-os a se fortalecerem na prática da meditação. Assim escreve: "Tudo o que é verdadeiro, tudo o que é honesto, tudo o que é justo, tudo o que é puro, tudo o que é amável, tudo o que é de boa fama, se há alguma virtude e se há algum louvor, nisso pensai". Algumas traduções traduzem "pensai" por "meditai".

Meditar é premeditar uma vida feliz. O poeta Carlos Drummond de Andrade foi feliz em observar que é de dentro para fora e de cada um para todos que jorra a felicidade. Ela independe das coisas materiais e do bem-estar econômico, ela é do âmbito da necessidade, da essência. Meditar sobre a felicidade, à luz das bem-aventuranças, é humano e divino ao mesmo tempo, pois diz respeito à esperança em outro mundo possível, onde reinam o amor e a justiça.

FELIZES OS POBRES EM ESPÍRITO, PORQUE DELES É O REINO DOS CÉUS

(Mt 5,3)

Sede Juízes para o desvalido e órfão,
fazei justiça ao mísero e ao indigente;
libertai o fraco e o pobre, livrai-os das garras
dos impiedosos.
Sl 82,3-4

FELIZES OS POBRES! Nunca presenciei, de forma tão escancarada, tanto preconceito em relação aos mais vulneráveis de nossa sociedade. Talvez seja por isso que o Brasil tenha despencado no IDH (Índice de Desenvolvimento Humano), ocupando a 79ª posição, entre os 188 países abordados no relatório das Nações Unidas. Encontrando-se entre os 13 países que mais diminuíram no IDH, o Brasil apresenta um avançado número de pessoas vulneráveis, sem acesso à saúde, escolaridade e renda suficiente para suas necessidades mais básicas. Como pensar essa realidade à luz da Bíblia e buscar saídas que considerem o amor, a justiça e a paz?

Deparo-me com as favelas. Não tem como fechar os olhos para isso. Procuro me sensibilizar e treinar meu senso crítico, apesar de ouvir sobre seus perigos e os riscos que corremos ao entrar em alguns becos (a mídia se encarrega de propagar o medo e aterrorizar). Ali está a fotografia da desigualdade social no Brasil. São mais ou menos umas 7 mil, e muitas delas são maiores que muitos municípios, contando com uma massa de gente em situação de extrema pobreza e, muitas vezes, sem perspectiva de vida. São milhares de pessoas clamando por justiça na saúde, na educação, no trabalho e na distribuição dos bens sociais. Em outras palavras, clamam por dignidade e direito de viver, e raramente abrimos nossos olhos a essa realidade.

Nesse contexto, muitas crianças, mulheres e muitos idosos são obrigados a trabalhar ou mendigar nas ruas seu "pão de cada dia". Muitas crianças, sujeitas à violência dos pais ou responsáveis, acabam se envolvendo em roubos e drogas no intuito de solucionar seus problemas. São vítimas de um sistema socioeconômico desumano; em seus barracos de madeira, de lata e papelão, são vulneráveis à desnutrição e a inúmeras epidemias. Eis a fotografia da desigualdade social e da indiferença.

Essa realidade mostra a fragilidade da democracia. A maioria da população não participa das decisões, cuja agenda é a "melhoria de vida" e, se participa, é como alvo do "corte de gastos". O "governo do povo, com o povo e pelo povo", como queria Abraham Lincoln, ao falar de democracia, não deveria ficar apenas no discurso político, mas sim repercutir em ações de liberdade, fraternidade e igualdade para todos. Não há uma democracia séria onde poucos endinheirados, adoradores das riquezas não se importem com uma multidão de indigentes de maioria negra e indígena. Os negros representam quase a metade da população brasileira e, quando se trata de pobreza extrema, somam mais da metade. Nesse quadro vulnerável, as mulheres negras são as mais aviltadas em seus direitos.

Abro a Constituição Brasileira de 1988 e leio no artigo 203 sobre os direitos das crianças, dos adolescentes e idosos. Teoricamente, a lei garante aos cidadãos melhor condição de vida: "A assistência social será prestada a quem dela necessitar, independentemente de contribuição à seguridade social, e tem por objetivos: I – a proteção à família, à maternidade, à infância, à adolescência e à velhice; II – o amparo às crianças e aos adolescentes carentes; III – a promoção da integração ao mercado de trabalho; IV – a habilitação e reabilitação das pessoas portadoras de deficiência e a promoção de sua integração à vida comunitária; V – a garantia de um salário mínimo de benefício mensal à pessoa portadora de deficiência e ao idoso que comprovem não possuir meios de prover a própria manutenção ou de tê-la provida por sua família, conforme dispuser a lei".

A partir dessa lei, algumas políticas de assistência social são implantadas na rede municipal, ainda que de forma precária, procurando prevenir situações de risco aos mais carentes. Ela fora criada para direcionar o papel do estado e das organizações da sociedade civil no que diz respeito ao atendimento de pessoas em situação de vulnerabilidade e riscos sociais. Entendemos que o Estado tem um papel fundamental na transformação social e econômica, pois é ele que, de forma organizada, detém toda estrutura de mudança, porém sabemos da grande lacuna que há entre a Lei e sua prática.

Diz o evangelho de Mateus: "Felizes os pobres no espírito porque deles é o reino dos céus" (Mt 5,3). Mas quem é o pobre "no espírito"? O "espírito" é um estado. Desprovido de seus direitos e vítima do pecado social, o pobre é algo a ser resolvido no amor e na justiça. Confiar no Senhor, depois de esgotadas todas as alternativas, é o último recurso. Assim expressa o salmista: "Quanto a mim, sou pobre e necessitado, mas o Senhor preocupa-se comigo. Tu és meu socorro e meu libertador; meu Deus, não te demores!" (Sl 40,17).

O pobre, para ser socorrido, não basta estar em uma situação de pobreza, é necessário ter consciência de sua situação. Há muitos orgulhosos, com cabeça de rico, ideologia de milionário, ambiciosos e invejosos, sentindo-se confortáveis nessa situação. Frei Betto escreveu em ***Cinco vias para ser feliz:*** "A pobreza é um mal, decorre de relações injustas. Não há um só versículo na Bíblia que afirme ser a pobreza agradável aos olhos de Deus. Todo pobre é, de fato, um empobrecido, alguém que, involuntariamente, foi levado a essa condição e, agora, anseia desesperadamente se ver livre dela". É preciso reconhecer-se vítima desse sistema; ter consciência de que nenhum poder, neste mundo, é capaz de salvar; e, acima de tudo, é importante fazer-se ouvir sem se conformar com a opressão: "Eu vi a miséria de meu povo no Egito; ouvi seu grito de socorro diante dos que o oprimiam. Conheço seu sofrimento, por isso desci para libertá-lo" (Êx 3,7).

Deus faz opção pelos que sofrem e quer realizar seu plano de amor contando com a fraternidade de todos os que confiam nele: "Meu filho, não recuse ajudar o pobre e não seja insensível ao olhar dos necessitados. Não faça sofrer aquele que tem fome e não piore a situação de quem está em dificuldade. Não perturbe mais ainda a quem já está desesperado e não se negue a dar alguma coisa ao necessitado. Não rejeite a súplica de um pobre e não desvie do indigente seu olhar" (Eclo 4,1-4). A opção do Senhor se faz clara na voz dos profetas. Isaías expressa bem isso, ao denunciar: "Ai dos que decretam leis injustas, e dos escrivães que prescrevem opressão, para desviarem os pobres de seu direito, e para arrebatarem o direito dos aflitos de meu povo; para despojarem as viúvas e roubarem os órfãos!" (Is 10,1-2).

Jesus, no mesmo espírito, soube interpretar e viver conforme a vontade de Deus. Mateus narra o encontro do Mestre com um jovem rico. O rapaz queria informações sobre como conseguir a vida eterna. A resposta de Jesus foi clara: não basta observar os mandamentos, é preciso desapego aos bens, colocando-os à disposição dos pobres para que se manifeste o reino de amor e bondade. Essa era a condição para seguir o Mestre. O jovem retirou-se, com tristeza, porque acumulava muitos bens. Olhando para os discípulos, Jesus disse: "Em verdade vos digo que é difícil entrar um rico no reino dos céus" (Mt 19,16-23).

Sêneca, em suas *Cartas a Lucílio (LXXX)*, provavelmente, concordara com Jesus ao comparar pobres e ricos. O pobre, segundo ele, é espontâneo e alegre, ainda que tenha preocupações. Mas há nos ricos uma alegria fingida. Ela esconde uma tristeza: "Não podem, muitas vezes, mostrar-se abertamente tristes, mas devem, entre o que lhes corrói o próprio coração, parecer felizes". L. Tolstói escreveu: "Os prazeres dos ricos são comprados, muitas vezes, com as lágrimas dos pobres". Apesar da generalização dos filósofos, sabemos que há pobres com o coração nas riquezas e há ricos que, desprendidos dos bens materiais, não aceitam que os chame de ricos.

***

O REINO DE DEUS se revela e se concretiza na pessoa de Jesus. No ensinamento da montanha diz: "Felizes os pobres, porque deles é o reino dos céus". A lógica do reino é contrária à lógica dos impérios: os pobres, excluídos dos bens essenciais, são felizes pela disposição espiritual ao desapego e profunda confiança no Senhor. Alguém pode perguntar: há ricos no espírito? "Rico" era uma categoria utilizada por Jesus para falar daquele que adorava o dinheiro e fazia qualquer coisa para acumulá-lo, ainda que usasse o nome de Deus para isso. Aqueles que não colocam seu coração nas riquezas e poderes deste mundo têm senso de justiça, confiam em Deus e se colocam no lugar dos mais injustiçados, deixam de ser gananciosos e se tornam verdadeiros cristãos. Eles têm espírito livre, lutam para que os pobres, negros e índios tenham prioridades nos investimentos políticos e nas demarcações justas da terra; investem na eliminação do racismo e das desigualdades raciais e sociais. A parábola do bom samaritano ilustra bem esse despojamento.

Ela surge como uma resposta do Mestre a um doutor da lei ao perguntar: quem é meu próximo? (Lc 10,30-37). Imagino a cena da parábola: um homem que, no caminho entre Jericó e Jerusalém, cai nas mãos de assaltantes. Além de roubá-lo, espancaram-no deixando-o quase morto ao chão. Passam por ali um sacerdote e um levita, ambos, ao verem o homem, atravessam para o outro lado sem prestarem socorro. Um samaritano, logo em seguida, passa por ali e tem piedade. Aproximando-se do ferido, cuida dele, prestando os primeiros socorros, depois o leva a uma hospedaria e arca com as despesas, dando possibilidade para que o ferido se recupere.

"Qual desses foi o próximo do homem que caiu nas mãos dos assaltantes?" O doutor da lei sabia a resposta, porém não a colocava em prática. Essa postura é semelhante à do jovem rico. Ele representa o poder religioso; conhecia a Lei humana e divina, mas lidava com ela conforme lhe convinha, assim como o sacerdote e o levita. Cegos e negligentes diante de graves situações de indiferença, conheciam bem a Escritura, que garantia os direitos do cidadão, mas não a praticava. Por outro lado, o samaritano não era familiarizado com as leis de Israel e, no entanto, não mediu esforços em acudir o desconhecido.

É imprescindível que a igreja exerça um papel de agente de transformação dessa realidade, oferecendo serviços de qualidade na área social. Não basta saber das leis, acima delas há uma ética que se volta para o amor. Sua responsabilidade de ser Sal da Terra e luz do mundo pode estar vinculada ao exercício de cidadania. Cada cristão é chamado a ser o "bom samaritano", a se colocar no lugar daquele que sofre e a cuidar das feridas como se fossem suas.

Fecho os olhos e procuro ouvir o Mestre, por meio do espírito que ainda hoje sopra sobre nós. Não sou desses que andam por aí escutando vozes do além, aliás faço grande esforço para ouvi-las, mas Deus me deixa na falta, pois provavelmente o procuro onde ele não está. Onde Deus se revela? No próximo! Na face sofrida do outro, encontramos o rosto de Jesus.

As palavras de Jesus nos provocam a procurar seu rosto: "Em verdade eu vos digo que todas as vezes que fizestes isso a um dos menores de meus irmãos, foi a mim que o fizestes!" (Mt 25,40). Há tempos venho questionando o tipo de amor cristão anunciado entre nós. Enquanto virtude cristã que diferença ele faz neste mundo, nas pessoas? Deparo-me com algumas estatísticas e, como o filósofo Terêncio, sinto que "o humano não me surpreende". Em um país, onde 70% da população se diz cristã, por que ainda há muito ódio e muita indiferença? Por que tanto descaso diante das desigualdades sociais e econômicas? Jesus, o Cristo, ensinou que, em primeiro lugar, se deve buscar o reino de amor, mas por que nos parece tão distante e diferente do amor anunciado pelo Mestre?

No novo Reino, todos são iguais e gozam dos bens do criador. Os que entenderam a proposta do amor caminham no mesmo Espírito de Jesus. Dalai Lama em ***Por que a Ética é mais importante do que Religião?***, escreve: "O amor! Sem dúvida. As pessoas que creem em Deus, o criador, praticam o amor. Muitos irmãos cristãos têm dedicado sua vida a servir os outros, especialmente os pobres. Tudo isso vem de ensinamentos de amor". Onde estiver seu tesouro ali estará seu coração, ensinou Jesus. Qual é seu tesouro?

FELIZES OS MANSOS DE CORAÇÃO, PORQUE HERDARÃO A TERRA

(Mt 5,5)

Os mansos comerão e se fartarão;
louvarão ao SENHOR os que o buscam;
vosso coração viverá eternamente.
Sl 22,26

FELIZES OS MANSOS. Tenho aprendido, e muito, sobre o valor da mansidão, prática há muito esquecida entre os cristãos. Apesar de recorrer a livros, artigos e ouvir sermões que tratam de tolerância, equilíbrio emocional e tranquilidade, é a partir da vivência e dos testemunhos de pessoas simples que consigo pensar esta virtude, relacionada por São Paulo, como fruto do Espírito: "Mas o fruto do Espírito é amor, alegria, paz, paciência, amabilidade, bondade, fidelidade, mansidão e domínio próprio. Contra essas coisas não há lei" (Gl 5,22-23). Mansidão não é um conceito, mas atitude de vida, como Jesus queria: "Mas eu digo a vocês que estão me ouvindo: Amem seus inimigos, façam o bem aos que os odeiam, abençoem os que os amaldiçoam, orem por aqueles que os maltratam. Se alguém bater em você em uma face, ofereça-lhe também a outra. Se alguém tirar de você a capa, não o impeça de tirar a túnica" (Lc 6,27-29). Quão duras essas palavras! Parecem utopia, mas será assim o reino daqueles que aprendem a ser mansos, como Jesus: "Aprendei de mim que sou manso e humilde de coração" (Mt 11,29).

A mansidão evangélica é uma atitude de pura liberdade e, como escreveu Frei Betto em seu livro: *Oito Vias para Ser Feliz*, "nada tem a ver com a inércia, a falta de atitude ou a submissão abnegada à violência". Jesus foi revolucionário sem ter adotado as vias da violência. Há pessoas que nada têm para dar a não ser a si mesmas. Elas se entregam sem presunção, ira ou inveja e fazem transparecer de forma clara o rosto humano de Cristo.

Conheci, por intermédio de uma amiga, uma senhora idosa. Ela morava com os quatro netos e cuidava deles. Era uma "escadinha". O maior, de oito anos, frequentava a escola; a caçula tinha quase um ano e meio e, entre os outros dois, a diferença era de dois anos. Sob a ótica comum, a situação era desesperadora: sua filha, mãe das crianças, por motivos desconhecidos, abandonara as crianças, e, até hoje, ninguém sabe seu paradeiro. A avó, aposentada, ganhando menos de um salário mínimo, assumiu a responsabilidade da casa e dos pequenos e, para aumentar a renda, obrigava-se a vender doces no portão de uma escola próxima a sua casa. Com o que conseguia mal dava para comer. A casa pobre, onde morava, era de um filho que morrera assassinado.

Essa avó-mãe tinha tudo para ser amargurada e infeliz, mas optou pela mansidão, cujos frutos transparecem no rosto daquelas crianças. Eram brincalhonas, amáveis e receptivas. Dizia ela: "Deus está no controle... seja feita a vontade dele". Essa atitude me fez lembrar Jesus: "Deixai vir a mim as crianças e não as impeçais, porque delas é o reino de Deus" (Mc 10,14).

Apesar de toda dificuldade, eram pessoas suaves. Um deles exibia seu caderno cheio de estrelinhas e comentários positivos da professora. Em nenhum momento, ouvimos lamentações; tudo era motivo de gratidão. Há quem diga que é ignorância, falta de perspectiva na vida ou fraqueza. Penso diferente! Mansos são os que permanecem firmes na esperança e, sem negar os direitos aos mais necessitados, entregam-se e se doam. Luiz Felipe Pondé em seu livro *A Era do Ressentimento* diferencia esperança e expectativa. Esta, segundo ele, "prende-nos a uma ansiedade de controle sobre o mundo", mas a esperança, "quando verdadeira, parte da consciência de que precisamos pedir ajuda porque não conseguimos atribuir sentido à vida por nós mesmos". Os mansos não possuem nada, mas, confiantes em Deus, esperam um mundo com mais amor e justiça. Leon Tolstói lamentava, em *Pensamentos para uma Vida Feliz*, que "as pessoas lutam neste mundo não pelas coisas que são realmente boas, mas pela posse de muitas coisas que elas chamam de sua propriedade".

"Felizes os mansos, porque eles herdarão a terra" (Mt 5,5). As palavras de Jesus ressoam ainda hoje. Os mansos confiam e esperam em Deus, por isso saem ganhando, apesar de serem as maiores vítimas da injustiça. Os mansos herdarão a terra, não porque são filhos de latifundiários ou detentores dos poderes deste mundo, mas porque agem de forma sensata, escolhendo amar a Deus e ao próximo como a si mesmo (Mt 22,37-39). Manso é aquele que nada possui, mas, mesmo assim, não quer a terra destruída pela ambição humana. O grande reformador João Calvino, no século XVI, ressaltava a mansidão como virtude. Para ele não tem como ser manso, e tampouco ensinar esta virtude, se não houver humildade. Pela mansidão suportamos uns aos outros (Ef 4,2). Esse jugo é suportado, não por obrigação, mas por amor.

HERDAR A TERRA? Ouvi dizer que a intervenção militar no Rio de Janeiro, principalmente nas favelas, iria resolver os problemas de segurança pública no Estado. Deparamos com soldados, em algumas favelas, revistando mulheres, crianças e gente trabalhadora como se fossem criminosas. Combater a violência com violência, sem avaliar as graves consequências para a população, é, no mínimo, um ato de ignorância. Favela não é sinônimo de tráfico, roubo e vagabundagem. Ainda que tenha de lidar com a violência, na favela há gente honesta, trabalhadora e temente a Deus.

Tempos atrás, visitei um amigo missionário na Cidade de Deus, Rio de Janeiro. Ele morava e trabalhava com os pobres. Aquela visita me tocou profundamente e hoje, quando ouço falar de intervenção militar na favela, meu coração dispara. Lembro algumas lições de espiritualidade que aprendi ali.

Conheci uma senhora muito pobre. Seu barracão de tábua, chão batido, telhado de lata, paus e papelão era mais digno do que belos apartamentos adquiridos por pessoas envolvidas em desvio de dinheiro público e corrupção. Sobre o fogão, uma lata d'água fervia; logo deduzi que ela nos convidaria para um café. De fato! Na casa, alguns objetos, catados na rua, serviam como móveis. Naquele dia perdera seu animal de estimação, um cãozinho vira-lata; motivo de sua tristeza.

Enquanto nos falava do amor que sentia pelo cachorro, eu a interrompi deduzindo que provavelmente alguém o tivesse roubado. Olhando-me seriamente, disse que não podíamos fazer nenhum julgamento sobre o acontecido; a única coisa que sabíamos é que o animal havia desaparecido. Talvez fosse a lei naquele lugar: não falar demais e não desconfiar das pessoas. "Só que não!" Ela levava a sério o mandamento bíblico: "Não julgueis..." Tentei me mostrar solidário e disse que iríamos ajudá-la a sair daquela situação. Com um sorriso nos lábios respondeu: "Deus sabe do que necessito, confio nele e nele repouso". Diante da desgraça, ela enxergava a Graça. Havia ali uma sabedoria que não vem dos livros, do intelecto ou das belas teorias; uma sabedoria de pés descalços e mãos calejadas. Lembrei-me de Baltasar Gracián, filósofo da prudência: "Aplaudimos as tolices dos ricos e não damos ouvidos à sabedoria dos pobres". Há saberes que o corpo sabe sem saber, independentemente do grau de instrução, dizia Rubem Alves.

O pensador francês, Roger-Pol Droit, escreveu: "Se só me restasse uma hora de vida abriria mão do saber absoluto... abrir mão do saber absoluto é algo jubiloso, abre-se o périplo das surpresas, das curiosidades, das descobertas e viagens sem-fim". O saber que vem das experiências sofridas da vida é mais valioso que qualquer conhecimento.

Ao me despedir daquela pessoa, entendi o porquê da missão de meu amigo. Ele, ao se fazer pobre com os pobres, conseguia enxergar o que a maioria das pessoas não enxerga. Dizia ele: "aqui eu consigo ver bênção na desgraça; esperança no desespero; sabedoria na ignorância; e Deus na pobreza humana". Entendi que, em uma sociedade, em que a felicidade depende de condições externas, da capacidade de compra ou da posse de bens materiais, quem não compactua com isso é visto como alguém sem progresso, empecilho para a sociedade, por isso deve ser rejeitado e eliminado.

Jesus, Gandhi e Dalai Lama nos ajudam a contestar essa ideologia que divide e marginaliza. A sabedoria independe da condição ou status social. Jesus reverteu o conceito "pobre", que era entendido como entrave, pecado, atraso e doença. Ele ensinou que pobre é quem nada tem e, mesmo na condição de pobreza, alegra-se naquele que tudo pode: "Bem-aventurados os pobres de espírito, porque deles é o reino dos céus" (Mt 5,3). Mahatma Gandhi afirmava que é na luta, na tentativa, no sofrimento, e não na riqueza do dinheiro e poder, que se encontra a felicidade. O sábio sabe que não é na posse material das coisas que se experimenta a felicidade. Dalai Lama diria que "a verdadeira felicidade vem do coração das pessoas e não é ligada a nenhum tipo de mercadoria".

Quem vive virtuosamente se sente bem em qualquer lugar, com todo mundo, seja na fartura ou na carência. Mestre Eckhart dizia que "possuir Deus não é submetê-lo a mim, mas me fazer nele e dele, com todo o mundo, na rua, na solidão, em qualquer situação". Quem compreendeu essa dádiva herdou o que há de melhor. Aquela senhora me ensinou como ser herdeira de Deus sem possuir nada. Ela iluminou uma parte de meu caminho.

FELIZES OS QUE CHORAM, PORQUE SERÃO CONSOLADOS

(Mt 5,4)

Minhas lágrimas têm sido meu alimento de dia e de noite,
porquanto me questionam o tempo todo:
"Onde está teu Deus?"
Sl 42,3

FELIZES OS QUE CHORAM e infelizes os que não choram. Que contradição! No evangelho de Mateus está escrito: "Felizes os aflitos, porque serão consolados" (Mt 5,4). O evangelista Lucas narrou: "Felizes os que choram..." (6,21b). As duas traduções me fazem pensar. Como ser feliz vivendo na aflição? Choramos por várias razões: uma criança chora querendo um brinquedo; um jovem chora ao passar no vestibular; um adulto chora na formatura do filho; um velho chora ao lembrar seu passado.

Clarice Lispector disse que há duas espécies de choro: o bom e o ruim. Neste, segundo ela, as lágrimas não cessam, não há alívio. O choro bom não é confortável, mas dá pausa à alegria, como bem expressa o Eclesiastes (3,4): "Há tempo de chorar e tempo de rir; há tempo de prantear e tempo de dançar". Também o Salmo 30,5b aponta para o alívio: "O choro pode durar uma noite, mas a alegria vem pela manhã". Todos choramos! Mas o choro dos aflitos, do qual fala Jesus, não é para sempre. Sobre este escreveu nossa poeta Cecília Meireles: "O choro vem perto dos olhos para que a dor transborde e caia".

Penso na aflição psíquica e social. No primeiro sentido, trata-se da angústia, um sintoma que, na maioria das vezes, ligado a complexos e traumas, permanece inconsciente, isto é, não se sabe onde e quando atuaram os ambientes repressores e estressantes. No sentido social, mais consciente, diz respeito à opressão e injustiça sofridas por estressores externos.

Na aflição psíquica, a alma sofre. Angustiada, experimenta a falta de sentido. A frase atribuída a Kurt Cobain, vocalista da banda Nirvana, expressa bem este sentimento: "Se meus olhos revelassem minh'alma, as pessoas, ao me verem sorrir, chorariam comigo". Quem nunca teve o peito apertado "atire a primeira pedra". Quem nunca sentiu que a única saída era fingir que tudo iria bem e seguir em frente? Ser forte, alegre, sorridente, bem resolvido e sucedido na vida parece ser mais seguro aos olhos de uma sociedade hipoteticamente feliz. Engolimos o choro, escondemos as tristezas e esboçamos um sorriso e, se alguém não é feliz, que pelo menos demonstre.

Na perspectiva social, a aflição é opressão. A época de Jesus nos ajuda a fazermos uma leitura consciente de nossos dias. De um lado, o poder político-econômico-religioso alienava a elite judaica ao Império Romano; do outro lado, a massa explorada carregava pesados fardos, era obrigada a aceitar uma ideologia que separava os sadios e salvos dos doentes e pecadores. Geralmente, estes eram vítimas de preconceitos, endividados, sem voz e sem expectativa de futuro. O poderio militar romano era justificado pelos intérpretes da lei judaica.

Jesus não negou a lei, mas soube interpretá-la sob a ótica da gratuidade da vida. Assim, a comunhão de bens, não só materiais, mas morais e espirituais, como liberdade, igualdade e respeito, enquanto utopia, podia se realizar naquele lugar. O fundamentalismo político-religioso dos fariseus e dos doutores da lei fortalecia a cultura da morte, produzindo aflitos e desesperados.

Nossa sociedade hoje não é diferente. O Instituto Internacional de Pesquisa da Paz de Estocolmo registrou, recentemente, os gastos militares globais. Entre os 15 países que encabeçam o ranking, está o Brasil que desembolsou, para esse setor, mais de 29 bilhões de dólares em 2017. É desesperador! Na atual crise, há corte de gastos em setores mais importantes como educação e saúde. Uma religião que justifica esse desgoverno não pode reproduzir a mensagem do Reino de Deus.

Devo odiar essa estrutura? Não! Mas não posso me conformar nem desanimar na luta por uma sociedade mais igualitária e sem violência. Não se trata de ter raiva. Buda, assim como Jesus, ensina: não devemos perpetuar o ódio e o choro que dele emana. Quem segura uma brasa, a fim de atirá-la em alguém, será o primeiro a ser queimado por ela. Já fui queimado muitas vezes e, com a alma amargurada, nada consegui transformar.

O Espírito Santo continua animando os aflitos, aliviando seu choro e fortalecendo neles a esperança; são consolados aqueles que persistem na fé, resistem pela esperança e não desistem do amor. A estes, como escreveu João (Ap 21,4): "Deus enxugará as lágrimas de seus olhos; não haverá uma cultura de morte; o pranto, o clamor e a dor serão aliviados". Escuto a poesia que Cazuza dedicou a sua vó. Nela há uma linda teologia do consolo:

> Hoje, eu acordei com medo, mas não chorei, nem reclamei abrigo. Do escuro, eu via o infinito, sem presente, passado ou futuro. Senti um abraço forte, já não era medo. Era uma coisa sua que ficou em mim e que não tem fim.

***

O CONSOLO EM MEIO ÀS TENTAÇÕES. Clarice Lispector dizia que as tentações nos marcam profundamente a ponto de nos sentirmos culpados por sermos felizes enquanto muitos sofrem. A tentação de acabar com a vida talvez seja a maior delas. Às vezes, sou tomado por ideias, que me aparecem, sem que eu as convoque. Chamam de espírito aquilo que, muitas vezes, nos perturbam e não conseguimos expulsá-lo de nossa mente. Nesse momento, é hora de invocar o Espírito Santo e ser socorrido por ideias que tragam luz e vida. Um dia desses, recebi a notícia de que um amigo, professor de filosofia e reverendo, havia se enforcado, exatamente no mês dedicado ao "Setembro Amarelo", tempo de conscientização sobre o suicídio e sua prevenção. As variações em torno do tema eram diversas, uns culpavam a depressão; alguns não o desculpavam por ter atentado contra a própria vida; e outros arriscavam um julgamento a partir de sua convicção religiosa: "Isso é falta de Deus". Quem deve carregar a culpa? A depressão? O suicida? Deus?

Não posso julgar a depressão. Ela é um transtorno psíquico e, apesar dos sintomas de pessimismo, baixa autoestima, falta de expectativa e pensamentos frequentes de morte, ela não necessariamente leva ao suicídio, se tratada. É uma doença de possível tratamento. Sua preocupação é: o que fazer com a dor de existir? A pessoa pode querer acabar com a dor tirando a própria vida ou lidar com ela como parte da vida. Essa é uma dor que chega ou de forma hereditária (por genes recessivos) ou de forma adquirida (biopsicossocial). Saber lidar com as frustrações da vida ou com a falta delas é fundamental na lida com a depressão e na prevenção contra o suicídio.

Há pessoas que lidam com essa dor, se pesada, tomam remédios e se submetem a tratamentos psicoterapêuticos; há pessoas que lidam com ela, se for branda, de forma diferente: jogando bola, cantando, lendo livros, escrevendo, divertindo-se; e há pessoas que, sem atentar contra a própria vida, "contentam-se em rasgar a própria fotografia", como brinca o escritor francês Pierre-Jules Renard. São diversas as formas de lidar com a depressão. Lembro Carlos Drummond de Andrade que, em seu poema, "E agora, José", descreve a visão de alguém, quem sabe ele mesmo, que não tem para onde fugir e que, talvez, fosse melhor a morte. O que o mantém firme é o fato de poder falar disso. A escritora Clarice Lispector trazia constantemente o tema em seus textos: "Tenho tanta vontade de ser corriqueira e um pouco vulgar e dizer: a esperança é a última que morre".

A Organização Mundial da Saúde (OMS), estima que mais ou menos 15% da população mundial sofre de depressão. Essa estatística é incerta, visto que é uma doença difícil de ser diagnosticada. Sigmund Freud tinha cuidado ao diagnosticar alguém. Para ele, devemos nos certificar, em primeiro lugar, se estamos cercados de idiotas, antes de nos diagnosticar de tal doença. Eu também tenho receio de diagnosticar, como depressivo, alguém que se matou.

Não devo julgar quem comete suicídio. O filósofo Albert Camus observou que o único problema realmente sério é o suicídio que, a meu ver, é de certa forma um resultado da busca ou não de sentido: "Julgar se a vida vale ou não a pena ser vivida significa responder à questão fundamental da filosofia".

Como condenar aquele que, descontente com a própria vida, resolveu solucionar-se em sua ausência? Fica o sentimento de pena, pois 9 em cada 10 casos podiam ser evitados. O que fica é a indagação: será que se perdoou? Não teve motivos para viver? Nem por amor ao outro? Para quem acredita na eternidade a morte não deveria ser o oposto da vida, mas parte dela. A poetiza portuguesa Florbela Espanca, diante da ideia de que são os covardes e fracos que suicidam, reagiu dizendo que somente os fortes se matam. Essa ideia é ressaltada pelo escritor Oscar Wilde ao observar que somente os "fortes" são capazes de se autocriticar. Para ele, o suicídio é resultado de uma sincera autocrítica. Aqui posso concordar com o psiquiatra Augusto Cury, que revela que o suicida, ainda que planeje acabar consigo, não pretende matar senão a própria dor de viver; para isso também, é preciso coragem. Dirão que a coisa mais fácil é tirar a própria vida e que não precisa ter coragem para tanto, basta querer dar fim à dor de viver.

Não pretendo rotular um suicida como fraco, desesperado e culpá-lo por sua atitude. Há nele uma paixão inefável a qual Manuel Bandeira expressa em seu "O último poema". Ele queria que ali contemplasse "a pureza da chama em que se consomem os diamantes mais límpidos; a paixão dos suicidas que se matam sem explicação". De fato, não há explicação.

Não posso julgar Deus. Como entender que a culpa está na ausência de Deus? Muito se tem falado nessa ideia, mas ela é passível de questionamentos, pois em muitos casos havia a certeza de que é melhor estar com Deus na eternidade do que viver o vazio e a angústia de viver. Muitos religiosos ligam o sofrimento, a dor e a morte à ausência de Deus. Teologicamente isso é um erro, pois, muitas vezes, Deus nos fala na falta que sentimos de si.

Encontramos na história judaico-cristã personagens que chegaram a tirar sua vida, no entanto o testemunho acerca de sua salvação contradiz o senso religioso da condenação. Assim foi o caso de Sansão, ainda que sua intenção fosse acabar com os filisteus, deu cabo da própria vida (Jz 16,26-31), e a epístola aos Hebreus o recorda entre aqueles que foram recebidos na glória (Hb 11,32-35). O profeta Elias, homem de oração, fiel a Deus, implorou a morte no momento em que fora tomado de uma incontrolável angústia (1Rs 19,4). O que dizer dos primeiros mártires cristãos, particularmente de Inácio de Antioquia que impediu sua comunidade de frear a carroça que o levava para ser triturado pelas feras na arena romana? Irão dizer: a causa é diferente? Sim, mas como posso julgar a causa se o que tenho em vista é desfecho? Como afirmar que alguém não se salvará porque tirou a própria vida? Esse veredicto não nos cabe. O suicídio é só um procedimento em vida, e muitas pessoas que o cometeram foram servas de Deus, fiéis a seus mandamentos. Apesar de não terem pensado nas consequências de seu ato, foram perdoadas, ainda que com muita dor, por aqueles que ficaram.

Longe de mim fazer apologia ao suicídio. O mandamento "não matarás" serve em qualquer circunstância, mas quem pode saber as causas que levam uma pessoa a desaparecer consigo mesmo? Como não quero me cercar de idiotas, nem quero ser eu mais um idiota a imputar a culpa, o que me resta é refletir sobre essa realidade que, de tão ignorada, bate a nossa porta e pede atenção e misericórdia. Jesus disse: "Bem-aventurados os que choram, pois serão consolados" (Mt 5,4).

FELIZES OS QUE TÊM FOME E SEDE DE JUSTIÇA, PORQUE SERÃO SACIADOS

(Mt 5,6)

Porque Deus sacia o sedento
e satisfaz plenamente o faminto.
Sl 107,9

FOME DE JUSTIÇA. Luto contra mim mesmo, minha intolerância, minha vontade de destruir aqueles que pensam diferente e que, em nome de suas verdades, ameaçam minhas convicções e me provocam a ira. Tenho acompanhado os conflitos internacionais e, particularmente, os confrontos políticos no Brasil. Manifestações de intolerância aparecem no cenário mundial e dão a entender que, por meio do ódio e da força bruta, tudo pode ser resolvido. Violência leva à violência, e essa situação pode levar a uma guerra interna ou externa.

Leon Tolstói, concordando com o pensador Alfred de Vigny, escreveu: "Não é verdade que uma guerra contra uma nação estranha possa ser sagrada. Não é verdade que a terra queira sangue. A terra quer água pura do céu para seus rios, o orvalho puro de suas nuvens, mas não sangue. A guerra é maldita por Deus, como o são todos os que participam dela".

Essas palavras me fazem refletir sobre os limites da tolerância. Em primeiro lugar, é mais conveniente falar do que não é tolerável. Não podemos tolerar o ódio, a injustiça, a guerra e a fome. Não posso tolerar aqueles que usam da "liberdade de expressão" para veicularem o fanatismo, a violência e o caos social. É inaceitável que, ainda hoje, se cometa barbáries em nome de uma visão de mundo única e absoluta, em que a verdade alheia é vista como inferior.

Jesus, nos evangelhos, mostra-nos, em sua prática pastoral, o quanto é tolerante com os humildes e pecadores, mas intolerante com os legalistas que se acham perfeitos, moralmente ilibados e promotores de ódio e injustiça. Jesus os deixa fora de suas "Bem-aventuranças".

O filósofo Roger-Pol Droit, em seu livro *Tolerância,* observa que a intolerância não pode ser tolerada: "quanto mais intolerâncias e fanatismos se manifestarem, mais intolerante é preciso ser com suas manifestações e expressões". Concordo! Sou intolerante ao belicismo. Não posso tolerar que um atirador entre em uma escola e tire a vida de várias crianças. Os defensores das armas dirão: "Não é a arma que mata, mas é quem puxa o gatilho". Assim como Dalai Lama, tenho minhas ressalvas. É mais importante que, em vez de esperar pelos políticos, as pessoas se posicionem contra o armamento. Segundo ele, a compaixão pode ser praticada, e "o pré-requisito para o desarmamento externo é se desarmar internamente da raiva, do preconceito e da intolerância". No Livro *Por que a Ética é mais Importante do que a Religião,* em uma entrevista, Franz Alt faz um apelo aos que cultivam o ódio e a guerra. Pede que o coração seja aberto à compreensão, cooperação e tolerância: "Não se armem, desarmem-se!", diz ele: "Meus amigos muçulmanos me dizem que os muçulmanos violentos não são muçulmanos de verdade. As armas não podem criar paz verdadeira em parte alguma do mundo. Acho difícil de aceitar as guerras em nome da religião, tampouco consigo entender por que a Alemanha e a França estão entre os maiores exportadores de armas do mundo. As armas levam a assassinatos e a homicídios. Sem armas, as guerras não poderiam acontecer".

Nossas crianças precisam ser educadas para o diálogo e a compaixão, valores fundamentais para a resolução dos conflitos. Leandro Karnal escreveu: "Para quebrar a cadeia do ódio, a primeira tarefa é parar de ensiná-lo às crianças. Interromper esse fluxo de ódio exige interromper a educação do ódio".

Diálogo e compaixão são essenciais para o cultivo da tolerância. Para Dalai Lama devemos dialogar em torno da "violência que rejeitamos, do mal que negamos... e, apesar das convicções e opiniões, rejeitar, juntos, os confrontos e as matanças". O outro tem sua visão de mundo e, ainda que seja insuportável, faz parte de nossa humanidade e deve ser considerado. Não quero dizer que eu tenha de aceitar a intolerância do outro ou deva agradá-lo a todo custo, mas sim saber de seus direitos de liberdade e pensamento. Um judeu, muçulmano ou budista não precisam se converter ao cristianismo para que haja tolerância e diálogo. Quanto mais autênticos forem em sua crença, melhor. O importante é a vontade de tolerar e dialogar. Essa vontade não necessariamente é passiva.

Roger-Pol Droit escreveu: "A tolerância não tem a ver com super-heróis. É uma criação muito simples e, ao mesmo tempo, sempre incerta. Ela se constrói pouco a pouco, e precisamos sempre recomeçar. Assim como a vida".

***

O QUE PODE NOS SACIAR. "Pão a quem tem fome e fome de justiça a quem tem pão". Essas palavras me acompanham, desde o dia em que cheguei ao seminário dos Missionários do Sagrado Coração. Éramos quarenta pessoas, e, no refeitório, o reitor conduziu a oração utilizando-se desse prefácio. Entendi que não nos faltava uma mesa abundante, mas era preciso cultivar a fome de Deus. Um dia, não sei quando, reinará a Justiça, não a justiça da qual dizia o filósofo romano Cícero: "É extrema injustiça", mas aquela que se enraíza na misericórdia. A mensagem de Jesus é atual e reforça a esperança dos buscadores de Justiça: "Felizes os que têm fome e sede de justiça, porque serão saciados" (Mt 5,6).

Ter fome de justiça é essencial neste mundo onde a injustiça é percebida de forma declarada na balança da desigualdade socioeconômica. A desigualdade de renda é um fenômeno global, como indica o *Relatório Mundial sobre a Desigualdade* de 2018 da ONU; alguns países sofrem ainda mais seus efeitos. No Brasil, por exemplo, um país farto de recursos naturais, sua percepção é ainda mais escandalosa, e não é preciso recorrer às diversas estatísticas para ver que 10% dos mais abastados detêm quase 50% dos rendimentos da nação. Assim como não pode "a árvore má dar frutos bons" (Mt 7,18), os frutos da desigualdade se esparramam: há desigualdade de salários em relação aos brancos e negros; aos homens e às mulheres; aos adultos e aos jovens. O "Atlas da Violência de 2017" aponta que negros e mulheres são os que mais sofrem violência, e, em muitos casos, a Justiça é cega, não pela imparcialidade, mas pela indiferença.

Recorro à Escritura Sagrada, que me ajuda a lançar luzes nessa escuridão ao relatar o pedido de socorro do povo de Deus. Deus faz justiça aos oprimidos, que, privados de liberdade e negados em sua dignidade, continuam clamando: "Até quando, Senhor, os injustos proferirão sentenças duras contra os inocentes, vangloriando-se de seus julgamentos? Eles despedaçam tua gente e usurpam tua herança. Deixam à beira da morte a viúva e o estrangeiro e ao órfão tiram a vida" (Sl 94,4-6). Em nome da Justiça, cometem-se atrocidades, por isso orava o salmista: "Faz-me justiça, ó Deus, e defende-me das acusações daqueles que se acham justos. Liberta-me do enganador e perverso" (Sl 43,1).

Jesus Cristo foi a resposta esperada dos salmistas: "Não necessitam de médico os sãos, mas sim, os doentes. Ide, porém, e aprendei o que significa: misericórdia quero e não sacrifício. Porque eu não vim chamar os justos, mas os pecadores, ao arrependimento" (Mt 9,12-13). Palavras duras! Como assim, ele não veio para os sãos e justos? A parábola do Mestre explica e "quem tem ouvidos que ouça". Contava ele que havia dois homens: um fariseu e um publicano (cobrador de impostos). Eles subiram ao templo para orar.

O primeiro, em pé, agradecia por não ser como os ladrões, corruptos, adúlteros e publicanos. Achava-se santo, por jejuar e dar o dízimo. O publicano, à distância, de coração humilhado, batia no peito clamando a Deus o perdão de seus pecados. Qual deste recebeu a Justiça de Deus? Jesus foi objetivo: o publicano, "pois quem se humilha será exaltado, mas quem se exalta será humilhado" (Lc 18,10-14).

Os que se "achavam" justos e sãos eram os que apoiavam os sacrifícios de animais, seguiam rigorosamente os rituais, faziam conchaves políticos e interpretavam a "Torah" segundo os interesses de uma elite que se achava "predileta". Jesus não aceitou o preconceito.

Ele se colocou ao lado dos pecadores, dos que temiam o Senhor e desejavam ser amados e justificados. Ele exaltou os humildes e rebaixou os soberbos de sua presunção, ainda que isso lhe custasse um julgamento que iria levá-lo à morte de cruz.

Jesus veio para todos terem vida e poderem gozar, plenamente, dela, no exercício do genuíno amor e da autêntica justiça (Jo 10,10b); não julgou o motivo pelo qual as pessoas estavam em situação de miséria ou de morte nem as condenou como preguiçosas ou bandidas. Ele as consolou, perdoando-lhas, curando-as e resgatando a elas a esperança.

O que fazer diante das injustiças? Comentando sobre a injustiça no Brasil, alguém disse: "Se eu não confiar na Justiça em quem vou confiar?" Não creio que esse tipo de Justiça seja absoluta e faça valer a igualdade esperada por um povo. Ela faz o possível, mas não traduz a verdadeira Justiça cuja raiz tem um nome: Misericórdia! Santo Agostinho foi feliz em dizer: "Sem misericórdia não há Justiça".

FELIZES OS MISERICORDIOSOS, POIS ALCANÇARÃO MISERICÓRDIA
(Mt 5,7)

Volta-te para mim e tem misericórdia de mim;
dá tua fortaleza a teu servo e salva
ao filho de tua serva.
Sl 86,16

FELIZES OS MISERICORDIOSOS! Ao lermos a Escritura Sagrada, deparamo-nos com a ideia de que justiça sem misericórdia não é justiça. Essa teologia aparece na Bíblia hebraica e grega e nos convoca a aprendermos sobre o verdadeiro sentido de misericórdia.

Busco a etimologia da palavra e encontro, em latim, a junção de três conceitos: miséria, coração e doação. O que me faz ver a misericórdia como atitude de um coração que se compadece com os que sofrem pela opressão social, psíquica ou espiritual. Essa ideia é fundamental, pois a Bíblia não pode ser usada para cultivar preconceito e discriminação em relação aos mais vulneráveis de uma sociedade.

Na Bíblia hebraica, o termo misericórdia nos revela a face paterna e materna de Deus. De um lado, *hesed* indica a bondade de um Deus, que cumpre suas promessas e "que não é homem para mentir" (Nm 23,19a). O salmista expressa bem isso: "Tende piedade de mim, Senhor, segundo vossa bondade. Pela imensidade de vossa misericórdia, apagai minha iniquidade" (Sl 50,3). Do outro lado, a palavra *rahamim* diz respeito a um Deus, que, comparado a uma mãe, ama e cuida da vida que gerou. O profeta Isaías que o diga: "Porventura pode uma mulher esquecer-se do filho que gerou, não se compadecer dele, do filho de suas entranhas?" (Is 49,15a).

Na misericórdia transparece o Deus Pai-Mãe. Sua bondade e justiça são frutos de seu imenso amor. Certamente, serei contestado por aqueles que interpretam a Escritura, em uma perspectiva sexista e paternal; mas não me importo, tenho minhas razões. Deus, em seu mistério, é também comparado a uma mãe, cujo amor é inteiramente gratuito e não há linguagem capaz de expressá-lo. Não vejo problema em descrever Deus em linguagem masculina e feminina. Ele não tem predileção sexual. O essencial é a certeza de que a misericórdia prevalece sobre o pecado, que oprime e destrói.

Quando se trata de existência humana, sabemos que a raiz de toda opressão está em um coração que experimenta as limitações e as contradições deste mundo. As Palavras do apóstolo Paulo ressoam, ainda hoje, ao identificarem esse coração: "Não faço o bem que quero, mas faço o mal que não quero. E, se faço o que não quero, não sou eu, mas o pecado que habita em mim" (Rm 7,19-20). Ao mesmo tempo, porém, o coração experimenta o mistério da saudade, da falta, da necessidade de um mundo melhor, mais justo e mais humano. O "eu" tem consciência de uma potência que unifica e se eterniza sobre toda forma de divisão e destruição. João Paulo II, em sua Carta sobre a "Misericórdia divina", identifica esse poder: "A autêntica misericórdia é, por assim dizer, a fonte mais profunda da justiça". Em quais destes tesouros estará nosso coração? (Lc 12,34). Há o tesouro dos poderes deste mundo e há o tesouro do Reino de Deus, que é amor e justiça. O primeiro escraviza e o segundo liberta.

Leio os Evangelhos. Em Mateus e Lucas encontro a palavra grega *Tò* éleos que traduz misericórdia em amor e justiça. Cristo revela Deus, Pai-Mãe, à humanidade. Ele explica sua relação de amor ao aplicar a si a metáfora materna de uma galinha que ajunta seus pintinhos sob suas asas. Ela cuida deles e os protege (Lc 13,34). Jesus revela a face de Deus-Pai, que presa pela justiça, reprova os hipócritas e legalistas, que julgam segundo os próprios critérios, a fim de serem exaltados e admirados pela população. Estes, para o Mestre, não terão nenhum reconhecimento por parte do Pai (Mt 6,1).

Em Mateus (25,35-40), o Mestre faz menção às obras de misericórdia que revelam o rosto paterno-materno de Deus e pelas quais a Igreja de Cristo deve viver. O cristão, fiel a Cristo, tem consciência das obras de misericórdia, portanto assume o compromisso do Reino: matar a fome e saciar a sede dos necessitados; acolher, sem preconceitos, os imigrantes e os moradores da rua; agasalhar aqueles que passam frio; favorecer assistência aos doentes; levar esperança aos presos, acabrunhados pelo desespero e pela morte. Dá para entender as palavras de Jesus, retomadas da Antiga Escritura: "Misericórdia quero e não sacrifício".

Quem revela o rosto misericordioso de Deus e, por sua bondade, justiça e amor, acolhe os feridos no corpo e na alma só pode esperar para si atitudes de misericórdia. Alcançarão misericórdia aqueles que praticam misericórdia.

***

EMPATIA E MISERICÓRDIA. Michel de Montaigne escreveu: "As coisas que nos custam mais são as que mais valorizamos. E nos custa muito mais dar do que receber". O tempo e as experiências, negativas e positivas, têm me ensinado que a "Empatia" é essencial à paz interior. É um instinto de projeção, uma emoção. Faz-nos unir e fundir ao outro, ser humano, animal ou objeto. Em outras palavras, colocamo-nos no lugar do outro e nos comunicamos com ele. Porém minha ideia, diferente de alguns autores que veem só o lado amoroso dessa comunicação, vai em direção a seu duplo caminho, a sua contradição. Ela pode gerar misericórdia e, ao mesmo tempo, indiferença, antipatia, inveja. Eis o verso e o reverso da mesma moeda: ou nos enxergamos com os olhos do outro, e isso nos provoca mudanças, ou nos vemos refletidos nos olhos dele, e isso para nós pouco importa; ou o rosto alheio nos ajuda a enxergar o que não percebemos, ou projetamos nele o que gostaríamos que ele fosse: nossa extensão. Assim, a empatia pode nos levar à admiração, ao cuidado e à misericórdia, como também pode nos ejetar no preconceito, na inveja e na indiferença em relação ao sofrimento alheio. Nesse sentido, posso direcionar minha reflexão, tratando de dois sentimentos empáticos: misericórdia e indiferença.

A empatia como misericórdia. Edith Stein, filósofa judia, convertida à fé cristã, produziu em textos o que viveu na Alemanha nazista. Simpática ao amor de Cristo, procurou vivenciar a compaixão, mas experimentou a antipatia, o ódio e o preconceito de seus detratores, sendo perseguida, torturada e morta em uma câmara de gás em Auschwitz. Para ela, a empatia é uma vivência fundamental na formação da pessoa humana, porém deve ser direcionada à compaixão.

Rubem Alves, em tom poético, dizia que a compaixão nos faz ter vontade de abraçar e sentir o que o outro sente. Enxergar, no outro, o que eu gostaria que enxergassem em mim não é fácil. É preciso exercitar, treinar muito. Adélia Prado dizia que viver de mal com o mundo é muito fácil, faz parte de nossa natureza; difícil é amar, envolver a alma, cuidar da vida. Em uma perspectiva psicanalítica, é a luta que o *Eros,* pulsão de vida, trava contra o *Tânatos,* pulsão de morte.

A palavra compaixão quer dizer: sentir "com" o outro o que ele "sente". Viver no mesmo sentimento. Não é melhor cultivarmos ternura, solidariedade em relação ao ser humano, aos animais e à natureza? Para Dalai Lama o estado de serenidade das pessoas depende desse sentimento. O líder budista observou que a falta de compaixão abre as portas para os crimes. Concordo!

Jesus Cristo ensinou e viveu essa serenidade em meio à perseguição. Levado ao tribunal e condenado como culpado pelos criminosos, colocou-se no lugar das pessoas aflitas e desamparadas e as via como "ovelhas sem pastor", perdidas, sem encontrar um caminho. Se resumissem o ensinamento de Jesus, talvez diriam: "Saia de seu lugar e coloque-se no lugar dos que sofrem. Procure uma oportunidade para a salvação de ambos e da humanidade. Esse é o caminho".

A empatia pode se voltar à indiferença, à inveja. Eis o oposto da compaixão. O filósofo Gabriel Marcel, citando o René Descartes, escreveu que "a indiferença é o grau mais baixo da liberdade", e o Pastor negro, Martin Luther King Jr., concordava com isso, ao dizer que se assustava mais com a indiferença dos bons do que com as atitudes dos maus. De fato, ele tinha razão.

A indiferença, em relação ao outro, é condição para o egoísmo e pode levar à cobiça e à inveja. Se, por um lado, ela é "a maneira mais polida de desprezar alguém", como via o poeta Mario Quintana, por outro lado, esse desprezo não quer dizer "deixa para lá". É um comprometimento perturbador em relação ao outro quando se trata de relações humanas. Ele nos coloca ou nos projeta no outro, sem que possamos perceber nossos problemas, nossas falhas e, pior, como diria Jacques Lacan: "gozando" com isso.

De fato, a indiferença é como uma praga no jardim, vai se espalhando e contaminando e pode ter, em sua raiz, uma ansiedade estonteante em relação aos bens alheios. A Psicanálise diria que a indiferença é um mecanismo de defesa, é negação. Na negação do outro, escondem-se sentimentos de destruição e dois deles é ambição e inveja.

Ésquilo, o trágico, no século V a.C., lamentava que a indiferença tem seus produtos e, além da cobiça, a inveja é um deles. É fácil cultivá-la. Segundo ele, nobres, diferentes dos tolos, são aqueles que se alegram com o sucesso alheio.

Dirão que é um sentimento humano, que não há nada de mal nisso e, quem sabe, exista até uma "inveja boa". Concordo que é humano, mas não podemos nos submeter a ele e, tampouco, escravizar-nos. Se eu invejo o outro, em decorrência disso, ele pode invejar outros, e assim por diante. O melhor a fazer é frear esse sentimento, pois assim como a erva daninha corrompe o belo jardim, a inveja corrompe nossas virtudes.

Talvez um pequeno conto possa ilustrar o que estamos dizendo. Uma mulher espiava, cotidianamente através da janela, o que se passava na vizinhança. Aproveitava o seu tempo fazendo isso. Todos os dias, via sua vizinha pendurar os lençóis no varal. Via que os lençóis estavam sujos e sempre comentava com o marido sobre o que vira. Um desses dias, ela chamou o marido para ver. E o marido percebeu outra coisa: "Não são os lençóis da vizinha que estão sujos, é a nossa janela".

Nietzsche diria que não saber voar é a qualidade dos indiferentes que, cada vez menos, enxergam aqueles que voam alto. Boa metáfora! Nesse mesmo sentido, podemos dizer que os invejosos não fazem nada e tem um passatempo criminoso: projetam-se naqueles que fazem alguma coisa para julgá-los. São inimigos das virtudes e, como escreveu Miguel de Cervantes, veem a realidade com suas lentes aumentadas transformando, por seu interesse, indícios em certezas.

A perspectiva ou a ótica pela qual vemos a vida é importante e exige que tenhamos vontade de nos confrontar com a realidade. Muitas vezes, criticamos no outro o que nos falta. A vizinha lavava e estendia lençóis todos os dias, essa era uma forma de ela ocupar seu tempo com coisas que importam. Certamente, o que faltava à mulher na janela, era também lavar sua janela, todos os dias. Se ela se sentisse provocada pela vizinha a enxergar sua própria sujeira, talvez exercesse melhor a compaixão e diminuísse sua capacidade de indiferença e inveja em relação à vizinha. Em seu tratado *Sobre a Amizade,* Michel de Montaigne escreveu: "Nas cem vezes por dia que ridicularizamos nosso vizinho, estamos ridicularizando nós mesmos. Abominamos nos outros os defeitos que são mais claramente os nossos".

Papa Francisco foi feliz em se expressar acerca da inveja. Para ele, mais que a riqueza e o status social, o que atrai a inveja é o sorriso atraente, o brilho próprio, a felicidade sem hipocrisia e a paz interior.

Jesus disse: "Bem-aventurados os misericordiosos, porque eles alcançarão misericórdia" (Mt 5,7). A empatia naturalmente tem seus caminhos. A vontade e razão são fundamentais nessa escolha sabendo que a realização humana está na forma de como se relaciona com as coisas invisíveis e visíveis; com o mistério e a realidade. Certamente, o milagre da vida está em escolher a misericórdia à indiferença.

FELIZES OS PUROS DE CORAÇÃO, PORQUE VERÃO A DEUS

(Mt 5,8)

Aquele que é limpo de mãos e puro de coração;
que não entrega sua alma à vaidade,
nem jura enganosamente.
Sl 24,4

BEM-AVENTURADO aquele que não antecipa desgraças e mantém puro seu coração. Escreveu Sêneca: "Nada é tão lamentável e nocivo como antecipar desgraças". Vivemos uma realidade que grita por socorro. Basta ouvir e ver os telejornais diários, do mundo inteiro, para constatarmos que nosso contexto sócio-político-econômico-religioso é produtor de ansiedade. Violência em todos os âmbitos, crise de autoridade, depressão financeira, desemprego, imigrações e uma infinitude de desventuras anunciam um futuro de incertezas em relação à liberdade humana e à vida do planeta em geral. A ansiedade ou a apreensão de que algo inesperado está por vir "nos leva a antecipar desgraças", como bem escreveu Sêneca. Ansiedade não é angústia, um vazio existencial, um aperto no peito, na garganta, nos ombros, mas ela gera isso à medida que há uma sensação de que nunca vai acabar. Apesar de distintas, André Comte-Sponville aproxima ansiedade de angústia: "Sentimento em nós, com ou sem razão, da possibilidade imediata do pior".

O sociólogo Zygmunt Bauman, em *Vida Líquida,* observa que a incerteza em relação ao que virá é presente e constante, portanto propiciadora de preocupações intensas e obstinadas. Penso como Bauman. Os sintomas são visíveis nesta sociedade em que a ordem é correr contra o tempo: "São os temores de ser pego tirando uma soneca, não conseguir acompanhar a rapidez dos eventos, ficar para trás, deixar passar as datas de vencimento, ficar sobrecarregado de bens agora indesejáveis, perder o momento que pede mudança e mudar de rumo antes de tomar um caminho sem volta".

Li que um cientista, preocupado com a destruição do planeta, passava seus dias trancado em seu laboratório pensando em solucionar os problemas do universo. Um dia, o filho de sete anos reclamou de sua ausência. Obstinado com o trabalho, mostrou à criança a figura de um mapa-múndi e, em seguida, recortou e entregou ao garoto para que brincasse de consertar o mundo. Não demorou muito para que a criança encaixasse as peças do quebra-cabeças. O pai ficou surpreso e perguntou como ela fizera aquilo, já que não conhecia o mapa-múndi. A resposta foi imediata: "Eu não consegui consertar o mundo, mas lembrei que, antes de o mapa ser recortado, havia atrás dele a imagem de um homem. Encaixei os recortes do corpo humano e, quando terminei, vi que eu havia consertado o mundo".

Essa história ilustra minha reflexão. O pai, intensamente preocupado em resolver os problemas do planeta, não se percebe como um problema a ser resolvido. Precisou que o filho, ao montar o quebra-cabeças, revelasse a resposta para suas perguntas: a solução para o mundo está no próprio ser humano e depende da forma como ele lida com os problemas reais ou imaginários da vida. A ansiedade é natural ao ser humano, mas, enquanto preocupação obstinada, pode levar a um ativismo desenfreado; por outro lado, sem angústia, o que há é uma apatia, cuja única certeza é aquela entoada no samba do cantor Zeca Pagodinho: "Deixa a vida me levar, vida leva eu".

É normal que fiquemos preocupados, apreensivos e criando expectativas em relação às pessoas, coisas ou circunstâncias. O problema se apresenta quando a ansiedade se torna um transtorno tanto para um indivíduo quanto para um grupo. O psicanalista Rollo May, em sua obra *O Homem à Procura si mesmo,* escreve: "Quando um indivíduo sofre de ansiedade durante um prolongado período de tempo, fica com o corpo vulnerável a doenças psicossomáticas. Quando um grupo sofre contínua ansiedade sem tomar medidas eficazes, seus membros, mais cedo ou mais tarde, voltam-se uns contra os outros". Ansiedade, fazendo jus à etimologia da palavra, quer dizer "tormento", resultado de uma situação futura, real ou imaginária, antecipada.

Na teologia cristã, o tema da ansiedade faz-se necessário. No evangelho de Mateus (6,25-34), o mestre apresenta um Reino onde a vida é mais importante do que as necessidades básicas ou supérfluas do ser humano: "Por isso vos digo: não andeis ansiosos quanto ao que haveis de comer ou beber; nem pelo vosso corpo, quanto ao que haveis de vestir. Não é a vida mais do que alimento, e o corpo mais do que o vestuário?" Vivemos em uma sociedade que valoriza o poder, a riqueza e a posse das coisas em detrimento de valores espirituais como cuidado e solidariedade: "Olhai as aves do céu; não semeiam, não ajuntam em celeiros e, contudo, vosso Pai celestial as alimenta". Muitos não têm tempo para os filhos, para a família e, muitas vezes, para si mesmos. Em vista de acumular bens, assumem uma jornada pesada de trabalho. Jesus mostra os lírios do campo e diz: "Eles não trabalham nem fiam, no entanto nem Salomão, em toda a sua glória, vestiu-se como qualquer deles".

Aprendemos, com isso, que as preocupações demasiadas só servem para nos prejudicar, pois não acrescentam nada ao curso de nossa vida. Sábio, dizia Fernando Pessoa, é aquele que consegue lidar com a ansiedade sem se deixar atormentar por ela. "Basta a cada dia seu mal" (Mt 6,34).

***

ELES VERÃO A DEUS. Qual é a condição para que alguém tenha um encontro com Deus. Ele ensinou que a Palavra deve ser interpretada em uma perspectiva do amor, mas a frase atribuída ao filósofo e místico Pitágoras me faz pensar: "Antes de acolher o amor, é preciso purificar o coração, pois um recipiente sujo pode azedar o mel mais doce". Sendo assim, é importante compreender dois conceitos fundamentais dessa reflexão: "Ver" e "puros de coração". A essência dessa bem-aventurança é: "Para ver Deus, é preciso um coração puro".

"Ver", no sentido bíblico-figurado, indica entendimento ou consciência da transcendência. Muitas vezes, vemos, mas não enxergamos. Como assim? Não compreendemos a realidade que nos envolve e agimos segundo nossas limitações, com um coração bloqueado pelo orgulho e pela ansiedade. Julgamos mal as pessoas e, se não arquitetamos planos perversos para prejudicá-las, tratamo-las com indiferença ou com hipocrisia. Quem nunca se sentiu como o salmista (Sl 25,17) que vê no Senhor, ser supremo e invisível, seu socorro? "As angústias do meu coração se multiplicaram; liberta-me de minha aflição".

Antoine de Saint Exupéry escreveu em *O Pequeno Príncipe*: "Só se vê bem com o coração, o essencial é invisível aos olhos". De fato! A maior cegueira é aquela que não percebe o essencial. Mas como os puros de coração verão a Deus? Como cristãos, nossa fé indica o caminho. Jesus Cristo disse: quem vê a mim vê o Pai" (Jo 14,9). Ele fez a experiência do encontro, por isso sabia que "Os olhos são a lâmpada do corpo" (Mt 6,22). Com que olhos enxergamos o mundo, as pessoas e as coisas divinas? Com que olhos nos enxergamos?

Jesus veio para devolver a visão. Um cego, tocado pelo Espírito Santo, ao vivenciar o amor, pode ser curado e, apesar de sua deficiência, entenderá que o essencial é a alma curada. Jó compreendeu isso ao ser curado de sua cegueira. Apesar de sua miséria e seu sofrimento, ele expressou a alegria de seu coração: "Eu te conhecia só de ouvir falar, mas agora meus olhos te veem" (Jó 42,5).

Jesus veio para devolver a visão aos cegos. Os fariseus, que se diziam enxergar muito bem, aos olhos de Jesus, permaneciam cegos perante os próprios pecados (Jo 9,39-41).

Em outras palavras, eles eram moralistas e legalistas; enxergavam os pecados alheios, mas não os próprios, por isso Jesus os chamou de Hipócritas: "Por que repara o cisco no olho de seu irmão e não vê a trave em seu olho?" (Mt 7,1). Agindo assim, os fariseus arquitetavam planos perversos em seu coração incitando o preconceito e a intolerância.

"Puros de coração" quer dizer limpos, no sentido literal do termo. Aqui Jesus trata da pureza de forma metafórica: inocente e justo. O coração, sede dos sentimentos e dos afetos, é o centro dos desejos. O que deseja nosso coração? O salmista deseja: "Cria em mim, ó Deus, um coração puro e renova em mim um espírito justo" (Sl 51,10). Pureza de coração está ligada à verdade e ao mandamento do amor: "Eu vos dou um novo mandamento: que vos ameis uns aos outros assim como eu vos amei" (Jo 13,34). Para ter um encontro com Deus, por meio de Jesus, é preciso inclinar o coração para a verdade e o amor; é preciso purificar o coração da ganância, da inveja e do engano. Há uma fábula de Esopo que trata desse tema e nos ajuda a compreender o que é ser puro.

Um homem passou pelo Santuário de Hermes, protetor dos viajantes, e fez uma promessa: se encontrasse algo que fosse de seu interesse ofertaria a metade à divindade. Pelo caminho achou um saco que lhe parecia ser ouro ou prata, mas, ao abri-lo, viu que estava cheio de amêndoas e tâmaras. Comeu-as todas. Depois, ao voltar, dirigiu-se ao santuário e depositou as cascas das amêndoas e os caroços das tâmaras e disse: "Conforme o prometido, eis sobre teu altar uma parte do achado: a metade da parte de dentro e a metade da parte de fora".

Um coração ambicioso, que gosta de levar vantagens em tudo, cultiva orgulho, angústia e aflição. Dificilmente alguém, com esse comportamento, faz a experiência do encontro, pois está cego à realidade divina. A verdadeira vantagem é fugir das falsas vantagens que o mundo oferece e buscar a verdade e o amor, ainda que as dificuldades apareçam por causa das renúncias e dos sacrifícios. O Salmo 19,8 nos ajuda a refletir melhor sobre a frase de Jesus no Monte: "Os preceitos do Senhor são justos e alegram o coração. Seus mandamentos são puros e trazem luz aos olhos".

***

OS OLHOS DO CORAÇÃO. Há um ditado que diz: "O que os olhos não veem o coração não sente". Não vejo coerência nessa proposição! Será que a causa dos sentimentos está nos olhos? Se for assim, o que sente um cego de nascença? Minha reflexão não se limita à dimensão física do olhar, mas a transcende. Quero enxergar com os olhos do infinito a beleza das coisas que me cercam. Brinco com as palavras: *os olhos veem o que o coração sente*. Como contemplar o mundo visível e o invisível? Se para fazer isso eu tiver de depender somente de meus olhos, então minha visão de mundo é muito limitada, e uma águia é mais precisa ao admirar seu mundo mais vivo e colorido.

É preciso nascer do Espírito (Jo 3,6) para compreender essas palavras. É do coração que surge nosso olhar. A partir dele, um cego é capaz de ver e contemplar as maravilhas de um mundo possível. A partir do coração, de sentimentos bons ou maus, determinamos nossa relação com as pessoas e com a sociedade que construímos. O Filósofo Blaise Pascal foi feliz em dizer: "O coração tem razões que a própria razão desconhece". Essas razões podem ser sublimes ou enganosas e, como escreveu o autor de Provérbios (4,23), podem formatar a maneira de enxergar e viver neste mundo. Em outras palavras: ele pode "ser enganoso e sua doença incurável", como profetizou Jeremias (17,9), ou "pacífico capaz de vivificar o corpo", como ensinou Provérbios (14,30).

Um coração enganoso reflete o engano, a perversão. Iludido, acha que sua visão da realidade é a melhor do mundo. Incapaz de autocrítica, não aceita dialogar a não ser "consigo mesmo". Procura, como um Messias, converter tudo e todos a sua verdade fazendo com que se encaixem a seu vislumbre. Não tem consciência da própria ignorância e, apesar dos olhos abertos, nada enxerga senão as próprias certezas. Sua falta de visão crítica obscurece a razão, abrindo as portas ao fanatismo, prato cheio para quem vive de uma crença baseada no medo, na dúvida e na ingenuidade. Esse tipo de coração produz uma patologia que, em uma perspectiva crítica e crística, revela o que, de fato, é um "cego guiando outro cego". O resultado? Sabemos qual é: "Ambos cairão na cova" (Mt 15,14).

Para Santo Agostinho, o pior cego é quem se gloria da própria cegueira. Um coração, orgulhoso da própria cegueira, "leva o mundo às trevas", como dizia o líder indiano Mahatma Gandhi.

Um coração sublime e puro inclina-se ao bem e se volta para

o essencial. Deve ser por isso que o salmista, em um pedido de súplica, eleva-se a Deus: "cria em mim um coração não contaminado e renova em mim um espírito decidido" (Sl 51,10). Leio o evangelho de Mateus! O que contamina o ser humano nasce do coração (Mt 15,11-18). Vale a pena refletir sobre a palavra "contaminar", que, muitas vezes, é colocada no sentido de "perverter". O salmista pede ao Senhor um coração que respeite as diferenças; que considere os mais aviltados; que se doe aos oprimidos; e ame incondicionalmente. Um coração que não "perverta" a vida.

As palavras de Jesus ressoam ainda hoje nas igrejas e em nossa cultura cristã. Um coração dividido enxerga seu rebanho na mesma medida em que se enxerga: como uma massa de manobra a ser manipulada e alienada em nome do próprio poder. Devemos separar a Igreja idealizada por Jesus da Igreja dos eclesiásticos, sacerdotes e pastores que de forma perversa fazem de seu rebanho uma extensão do poderio político-econômico. São líderes dos quais disse Jesus (Mt 7,15): "Acautelai-vos, porém, dos falsos profetas, que vêm até vós vestidos como ovelhas, mas interiormente são lobos devoradores".

Uma igreja, cujo líder cultiva um coração reto, favorece coragem, confiança e sabedoria a seus fiéis. É capaz de reagir aos preconceitos e prejuízos; procura, em primeiro lugar, os próprios defeitos antes de acusar os defeitos alheios. Tenho pensado, e muito, nas palavras do Mestre que, como sementes, são plantadas em meu coração: "Aprendei de mim, que sou manso e humilde de coração" (Mt 11,29b). Senhor, que meu olhar enxergue seu reino de justiça e que eu não perverta sua verdade.

FELIZES OS QUE PROMOVEM A PAZ, PORQUE SERÃO CHAMADOS FILHOS DE DEUS

(Mt 5,9)

Em paz também me deitarei e dormirei, porque só tu, Senhor, me fazes habitar em segurança.
Sl 4,8

BEM-AVENTURADOS OS PACIFICADORES... A paz tem um lugar central nas grandes religiões, mas por que a intolerância, a violência e a guerra são justificadas em nome de Deus?

No judaísmo, o proto-Isaías anuncia: "A paz é fruto e produto da justiça; é descanso e segurança para sempre" (32,17). Rumî, místico e poeta muçulmano, comparou a paz à água que mata a sede, natural a cada ser humano: "Não busques a água; mostra apenas que estás sedento, e a água jorrará a teu redor". O líder tibetano, Dalai Lama, diz que a paz está em nosso coração e, ainda que esteja oculta, disfarçada ou distorcida, basta mergulharmos no mais íntimo de nós mesmos para descobri-la. Eis o lado divino das religiões.

Por outro lado, uma religião quer se afirmar sobre a outras, por isso tende a se corromper pelo poder e pela presunção de verdade. A intolerância, a violência e a guerra começam pela submissão do "outro" ao "eu". O teólogo Juan Manoel Hurtado López chama isso de "desmedida do poder": ela gera injustiças e rompe a harmonia das relações sociais. Dalai Lama, em *Caminho da Sabedoria, caminho da Paz*, observa que essa "desmedida" se caracteriza pelo excesso de orgulho e atitudes hostis de uns sobre os outros. Não diferente, Santo Agostinho, em suas *Confissões*, chama isso de "terceiro gênero", o desejo de ser temido e admirado pelos outros com a finalidade de autoafirmação.

Há uma deturpação do conceito de "Pacificador" quando ouvimos que a Polícia "pacificadora" subiu ao morro para implantar a ordem nas favelas do Rio. Neste sentido, o "pacificador" combate a violência com violência. O conceito foi deturpado também no Paraná. O então governador (Beto Richa, PSDB) foi chamado de "pacificador" ao convocar o Batalhão de Choque da Polícia Militar para pôr ordem, custe o que custar, às manifestações pacíficas dos professores do Estado que questionavam as mudanças na Previdência. O ex-presidente da República (Michel Temer), sob o argumento de "pacificador", determinou que as forças armadas reprimissem os trabalhadores que reivindicavam melhor condição de trabalho no transporte de cargas. A quem chamamos de "pacificadores"?

"Pacificador", em uma perspectiva cristã, são os que promovem a paz. Apesar de saberem que os conflitos sempre estarão presentes, pois há os que são favorecidos com essa situação, persistem em construir um mundo melhor. Jesus veio trazer a luta aos que almejam um reino de justiça. A paz não se constrói pelo poder das armas ou pelas ambições políticas, econômicas ou religiosas. A paz resulta da prática da justiça e da solidariedade aos mais pobres.

A paz de Jesus está no coração do ser humano, mas ainda escondida, precisa ser revelada; não é violência, mas é luta constante. Talvez por isso ele tenha dito: "Não penseis que vim trazer paz à terra. Não vim trazer paz, mas espada" (Mt 10,34). Os ensinamentos do Mestre vêm por meio de parábolas e metáforas. A espada é símbolo de luta, assim como a cruz é sinal de vitória.

São muitas as lutas, mas é bom ressaltar que a primeira delas diz respeito a nossas próprias tentações. Cultivamos a tentação de ver os defeitos alheios enquanto permanecemos cegos aos nossos. Michel de Montaigne ao falar *Sobre a Amizade* alerta que os defeitos que mais abominamos nos outros são os que não enxergamos em nós e, "com uma falta milagrosa de vergonha e perspicácia, ficamos impressionados com eles". A paz começa no interior de cada um de nós e se expande na família e sociedade (Mt 34,35-38).

A humildade é essencial. Dalai Lama diz que, na luta contra o poder e as injustiças, os construtores da paz não devem se orgulhar disso como se fossem os "nobres protetores dos fracos". Lao Tsé, em *Tao Te king*, já dizia que para construir a paz é preciso brilhar, sem se reluzir; ter boa reputação, sem se elogiar; fazer boas obras, sem se vangloriar, pois do coração daqueles que promovem a paz "brota o amor; em suas palavras, há fé e sinceridade; ao governar, procura a paz; em tudo o que faz procede com habilidade; para agir escolhe o momento apropriado".

Qual é a solução para a paz? Eliminando os poderosos e os que pensam diferente? Aprendemos com Jesus a "não violência ativa", e o filósofo francês, Roger-Pol Droit, em *A Tolerância*, lembra-nos: "Precisamos aceitar que os outros, mesmo que, às vezes, pareçam aberrantes para nós, existem como são e não como gostaríamos que fossem".

Não fazer ao outro o que não gostaríamos que nos fizesse é fundamental para o diálogo e para a rejeição de tudo o que não nos liberta. Apesar da diversidade de opiniões, rejeitamos a intolerância, a violência e a guerra. A oração de São Francisco é bem atual: "Senhor, fazei-me um instrumento de vossa paz. Onde houver ódio, que eu leve o amor e onde houver ofensa que eu leve o perdão".

***

A PAZ É FRUTO DA JUSTIÇA. O poeta Tiago de Melo escreveu no *Estatutos do Homem*: "Artigo VII: por decreto irrevogável fica estabelecido o reinado permanente da justiça e da claridade, e a alegria será uma bandeira generosa para sempre desfraldada na alma do povo".

Todos os dias, o Espírito Santo nos motiva, diante das notícias que nos chegam, a formar um pensamento crítico. Somos bombardeados cotidianamente por ideologia de ódio e intolerância. O que fazer? De um lado, os fatos, e do outro, pessoas que ouvem e veem os acontecimentos e precisam lidar com eles. Somos expectadores diante de um cenário marcado por violência e violação dos direitos humanos. Acostumamos com o mal e, muitas vezes, ficamos apáticos aceitando suas orientações ou reagimos a ele procurando eliminá-lo com as mesmas armas com as quais ele nos ataca. São características de uma "sociedade de massa" em que o mal aparece sempre com a máscara do bem.

Uma sociedade de "massa", envolvida em uma ideologia elitista e conformada com ela, age como um saco de pancada: de um lado recebe e amortiza toda força que vem de fora e, do outro, reage voltando-se com a mesma força contra o golpeador. No primeiro caso, observou Jean Baudrillard, sociólogo francês, que a "massa", enquanto corpo, amortiza e neutraliza forças políticas e sociais, tornando-se apática ou inerte, aceitando como suas as decisões de outrem.

Essa analogia não é nova. Jesus comparou a sociedade da época a uma massa de pão. O fermento penetra a massa e a faz crescer. Se o fermento for bom, a massa ficará levedada e o pão sairá saudável. Se o fermento for ruim, a massa toda será prejudicada e o pão não crescerá. No Evangelho de Mateus, Jesus mostra a força do fermento. Ao ensinar sobre o Reino de Deus, conta que uma mulher misturou fermento em uma grande quantidade de farinha, e toda massa ficou levedada (Mt 13,33). O fermento é analogia do amor, que forma uma sociedade mais fraterna, tolerante ao diferente e zelosa pela vida.

Em outra passagem, Jesus alerta seus discípulos quanto ao fermento dos fariseus e saduceus (MT 16,11;12). O fermento aqui simboliza a doutrina do ódio, da intolerância e da morte. Ele contamina as pessoas e as fazem se conformar e agir, sem consciência, segundo uma ideologia qualquer. Jesus prepara seus discípulos quanto a seu sofrimento em Jerusalém. Manipulada pelo poder político-religioso, a "massa" condena Jesus à morte de cruz; mas, na ressurreição, a vida vence a morte; o amor vence o ódio.

Quem tem direito à vida? A decisão sobre a dignidade humana deve ser privilégio de uma elite que decide quem pode viver ou morrer? Temos dificuldade de formar uma consciência crítica tornando-nos insensíveis ao sofrimento humano. O Pensador contemporâneo Theodor W. Adorno observava que, em uma "sociedade de massa", o indivíduo se torna insensível à realidade. Também Hannah Arendt, filósofa judia, confirmou isso ao trazer o conceito de "banalidade do mal". Segundo ela, em uma "sociedade de massa", as pessoas aceitam e executam ordens sem pensar de forma crítica nos valores que humanizam.

Diante dessa "sociedade de massa" e da "banalidade do mal", cabe-nos recordar, continuamente, o texto da Declaração Universal dos Direitos Humanos, redigido, após a Segunda Guerra Mundial, pela Assembleia da ONU em 1948. É uma bela carta a ser lida e refletida nas instituições de ensino de todas as nações. Reza o Artigo 1°: "Todos os seres humanos nascem livres e iguais em dignidade e em direitos. Dotados de razão e de consciência, devem agir uns para com os outros em espírito de fraternidade". É o Espírito de amor que nos faz enxergar um novo mundo possível e não abrir mão dele.

Quanto mais alguém abdica do pensamento crítico, mais cego se torna aos abusos, contribuindo assim para que o mal seja banalizado, como dizia Hannah Arendt. Certa ela! Com que olhar enxergamos as injustiças? Clarice Lispector sofria por enxergar verdades que uma multidão ignorava. Não basta seguir Jesus é preciso viver o que ele viu e revelou: "Bem-aventurados os pacificadores, porque serão chamados filhos de Deus!" (Mt 5,9). O teólogo italiano Carlo Morali bem observou: "Jesus ressuscitou não porque morreu, mas porque amou".

FELIZES OS PERSEGUIDOS POR CAUSA DA JUSTIÇA, PORQUE DELES É O REINO

(Mt 5,10)

Eu louvarei ao Senhor,
segundo sua justiça,
e cantarei louvores ao
nome do Senhor altíssimo.
Sl 7,17

BEM-AVENTURADOS OS PERSEGUIDOS por causa da justiça, porque deles é o reino dos céus (Mt 5,10). Não precisa muito raciocínio para entender que há dois tipos de justiça: uma condicionada à caridade e outra à lei. Apesar de prezarem pela verdade, há um diferencial a ser ressaltado: a primeira crê que a verdade está a serviço do amor; a outra compreende que a lei está a serviço da verdade.

Na Idade Média, um homem fora injustamente acusado de práticas de curandeirismo. Levado ao tribunal, ele sabia que, em meio a tanta irracionalidade, seria certa sua condenação à forca. Era acusado de charlatão, por tentar ajudar pessoas infectadas pela peste negra. O juiz, aliado aos inquisidores, dizendo ser justo e bom, propôs deixar a sorte nas mãos do réu. Colocara sobre a mesa dois pedaços de papel em que, segundo ele, em cada um, escrevera uma sentença. No papel a ser escolhido pelo réu estaria escrito: "liberdade" ou "condenação". Por um instante o denunciado ouvira a voz de um anjo: "Sede astuto como a serpente e simples como a pomba". Entendeu que era preciso sabedoria e inteligência. Sabedoria na obediência à autoridade e inteligência na maneira de obedecer. Devia ser astuto, pois sabia de sua inocência e da armação que o Tribunal de Justiça havia preparado para sua condenação. Aproximou-se da mesa, pegou um dos pedaços de papel e, imediatamente, colocou-o na boca para, em seguida, o engolir. A multidão ali presente, indignada, perguntava: e agora, como saberemos a sentença? O réu, virando-se para o povo e apontando para a mesa, exclamou: "Seguramente, minha sentença não é aquela que restou sobre a mesa". De fato, o juiz havia escrito "condenação" nos dois pedaços de papel. Induzido pela corte, o povo gritou "réu de morte", pois entendiam que o incriminado havia transgredido a lei por transgredir a regra da justiça.

É uma ilustração que faz pensar no julgamento de Jesus. Diante de Pôncio Pilatos (Mc 15,4), foi inquirido sobre a verdade. O governador da Judeia perguntou várias vezes, e Jesus nada respondeu, pois sabia que, independentemente de qualquer resposta, sua sentença já estava escrita. Jesus sofreu perseguição política e religiosa por causa da Justiça. Mas qual justiça? A verdade de Jesus certamente não era a mesma de Pilatos. Sua verdade se submetia ao amor e não à lei. Por mais que quisesse, Pilatos não proferiu a Justiça, no sentido mais puro da palavra. Atrelado à lei e ao poder, lavou as mãos deixando Jesus à sorte da multidão.

A Justiça do Reino de Deus, assim como a verdade anunciada por Jesus, submete-se ao amor. A justiça, que perseguiu e matou friamente o Mestre, estava submissa às leis políticas e religiosas. Suas ideias acerca da justiça, de Deus, do amor provocaram o poder romano representado, na Palestina, por Herodes e Pilatos; seus ensinos, contrários à doutrina religiosa judaica, acendeu o ódio nos corações dos fariseus, saduceus e sacerdotes do templo. Jesus, o justo, foi julgado e condenado em nome da lei. Mas qual lei? A lei que confunde justiça com vingança e que, no entendimento do filósofo Blaise Pascal, muda de acordo com "o afeto ou o ódio". Por isso essa lei deve ser escrita com "l" e não com "Lei".

Os legalistas que seguem essa justiça não aprenderam do Rabi: "Eu vos digo: amem seus inimigos e orem por seus perseguidores, para que vocês venham a ser filhos do Pai, que está nos céus, pois ele faz raiar o sol sobre os maus e bons e derrama chuva sobre os justos e injustos" (Mt 5,44-45). Em Jesus, revela-se a certeza do salmista de que a Lei do Senhor, condicionada a sua misericórdia, é verdadeira: "Muitos são meus adversários e meus perseguidores, mas eu não me desvio de tua Lei" (Sl 119,157). Assim como há duas formas de praticar a justiça, há duas verdades a serem contempladas. Aqui cabe a pergunta: por que as injustiças que cometemos não atraem contra nós tanta perseguição quanto a justiça que vivenciamos?

São Paulo, perseguido por causa dos ensinamentos de Cristo, tinha certeza de que a opção pelo amor causaria perseguições, prisão e martírio, por isso escreveu à comunidade de Coríntios (2Cor 4,8-9): "aflitos, mas nunca derrotados; perplexos, mas nunca desesperados; perseguidos, mas nunca desamparados; feridos, mas nunca destruídos". Na Carta aos Romanos, o apóstolo aconselha a oração pelos perseguidores: "Abençoem aqueles que os perseguem; abençoem-nos, não os amaldiçoem" (Rm 12,14).

Em um mundo de injustiças, ser neutro ou indiferente é concordar com o caos estabelecido. Disse Jesus: "Pois eu lhes digo que, se a justiça de vocês não for muito superior à dos fariseus e mestres da lei, de modo nenhum entrarão no Reino dos céus" (Mt 5,20). Os cristãos são chamados a escolher outro mundo possível; a lutar pela igualdade e partilha que são formas de manifestação do amor. Como ser alegre na perseguição? O mesmo Espírito que consolara Paulo hoje nos motiva, apesar das perseguições, a nos alegrarmos nas fraquezas, nos insultos, nas dificuldades e nas angústias (Cf. 2Cor 12,10a).

***

OUTRO REINO POSSÍVEL. Leio sobre o assassinato de Martin Luther King Jr., pastor e ativista em prol dos direitos dos negros. Ele disse em um dos discursos: "Não permita que ninguém o faça descer tão baixo a ponto de você sentir ódio". Foi um humanista cristão; sua luta em favor dos direitos humanos ressoa ainda hoje nos provocando uma séria reflexão sobre a dignidade humana. Vemos crescer uma cultura da morte em que os discursos de ódio e intolerância se alastram cada vez mais. O que está por traz dessas manifestações?

Todos os dias ouvimos notícias de que imigrantes venezuelanos estão entrando no Brasil, por Roraima, em busca de melhor condição de vida. Vem se expandindo, e muito, as imigrações no Brasil e, com isso, percebemos o aumento da xenofobia ou do preconceito e da intolerância em relação às pessoas de culturas e raças diferentes.

Há de se ter uma postura mais fraterna e de acolhida aos migrantes. No artigo XIV, inciso 1° da Declaração Universal dos Direitos Humanos, está escrito: "Todo ser humano, vítima de perseguição, tem o direito de procurar e de gozar asilo em outros países". Dalai Lama escreveu: "Em alguns países totalitários, vemos que a paz só pode durar se os direitos humanos forem respeitados, se as pessoas tiverem o que comer e se os indivíduos e as comunidades forem livres". Mas, infelizmente, até a Carta da Declaração Universal dos Direitos Humanos sofre preconceito, e essa situação tem uma história. Além do ideal nacionalista da Ditadura Militar, levando a acreditar que ela "é coisa de subversivo", há ideais fascistas que enxergam o estrangeiro, não o rico investidor, mas o pobre desempregado e faminto, como inimigo, principalmente hoje no momento em que, no Brasil, a taxa de desemprego ainda é alta.

A imprensa "sensacionalista" tem um papel fundamental na divulgação dessas ideologias ao dar voz a apresentadores de "massa", sem o mínimo de formação crítica. Esses fazem apologia à pena de morte, decidindo quem pode ficar e quem deve ser expulso. E não são raros os que fazem do medo e da falta de segurança sua plataforma política, conseguindo atuar como vereadores, prefeitos, chegando a deputados e até senadores.

Uma postura mais fraterna não exclui uma consciência crítica e cuidadosa em relação ao tráfico de pessoas. Muitos imigrantes chegam de forma ilegal e, por traz disso, está a exploração dos traficantes. A Declaração Universal dos Direitos Humanos também atenta para isso, reza o artigo IV: "Ninguém será mantido em escravidão ou servidão; a escravidão e o tráfico de escravos serão proibidos em todas as suas formas". Além de serem subjugados pelos traficantes, que oferecem uma "boa vida em nova terra", há muitos trabalhadores que acreditam nas "promessas" de bom salário em algumas fazendas. Chegando lá, são informados das dívidas de transporte, alojamento, alimentação e ferramentas de trabalho. Sob essa "dívida impagável", submetem-se a qualquer trabalho, tendo seus direitos violados. No artigo XXIII, inciso 3, está escrito: "Todo ser humano que trabalha tem direito a uma remuneração justa e satisfatória, que lhe assegure, assim como a sua família, uma existência compatível com a dignidade humana e a que se acrescentarão, se necessário, outros meios de proteção social".

Falta por parte do governo e da população mais esforços no combate ao tráfico de pessoas, na diminuição do preconceito e na agilização para que essas pessoas tenham suas necessidades básicas satisfeitas e, principalmente, que sejam instruídas. Quanto à instrução também se manifesta os Direitos Humanos em seu artigo XXVI, inciso 2: "... A instrução promoverá a compreensão, a tolerância e a amizade entre todas as nações e todos os grupos raciais ou religiosos, e coadjuvará as atividades das Nações Unidas em prol da manutenção da paz".

Que a luta de Martin Luther King, em favor dos mais desfavorecidos, possa nos animar no combate a toda espécie de preconceito e intolerância. Que possamos entender que o imigrante não tem nenhuma intenção de roubar emprego de ninguém, mas só e somente só, quer ter seus direitos resguardados. Diria Hannah Arendt: "A essência dos Direitos Humanos é o direito a ter direitos".

FELIZES OS QUE SOFREM CALÚNIAS E MENTIRAS, COM LIBERDADE SE ALEGRARÃO

(Mt 5,11)

Aquele que difama seu próximo, às escondidas,
eu o destruirei; aquele que tem olhar altivo
e coração soberbo não o tolerarei.

Sl 101,5

MANTER-SE NA VERDADE. Li uma frase atribuída a C. S. Lewis, que me fez pensar: "Se procuras uma religião confortável, não te aconselho o cristianismo". Como assim? A religião não deve trazer conforto aos fiéis? Jesus Cristo, a rocha sobre a qual nasceu o Cristianismo, não disse no evangelho de Mateus (11,28): "Vinde a mim, todos os que estais cansados e oprimidos, e eu vos aliviarei"? No caso da fé cristã, que diferença faz? São questões que me apontam para uma teologia prática.

Há motivações essenciais na vida que nos ajudam a seguir em frente. A fé é uma delas, natural ao ser humano; sem ela a vida não tem sentido. Nosso modo de ser e estar no mundo depende dessa motivação. Gosto da definição do filósofo Sören Kierkegaard: "Fé é a paixão mais elevada da humanidade". De fato! Por ser uma paixão, ela carrega o fardo da ambiguidade. O que na Lei de Newton chamamos de inércia e movimento eu ouso chamar de conforto e alívio.

Como no princípio da física, a inércia diz respeito à resistência a qualquer mudança, isto é, a tendência do corpo inerte é manter-se na mesma direção e velocidade. Confortável, sua motivação para o movimento depende de uma força externa, como vemos, por exemplo, em alguns acidentes nas rodovias: se uma carreta carregada de bobinas de repente para e se a carga não estiver bem amarrada, ela pode se soltar e continuar na velocidade anterior da carreta e na mesma direção. Um dia, na natação, meu instrutor viu que eu estava sem ânimo e forças para nadar. Disse-me com autoridade: "Saia da zona de conforto". Entendi sua bronca e, sob sua observação e motivação próprias, não desisti, criei coragem e segui em frente.

Ao falar de conforto, em uma perspectiva teológica libertadora, faço uma analogia com a física newtoniana. Conforto é inércia, desânimo e estagnação. Alívio, pelo contrário, é uma parada para descanso, consciente de que a dinâmica da vida, com seus conflitos e suas soluções, continua. Essa mudança traz realização pessoal dependendo do contexto social, cultural e religioso apresentado.

Um amigo, pregador da Bíblia, confidenciou-me: achava-se um cristão devoto e até se orgulhava disso. Falar do Reino dos Céus não só era tranquilo para ele, mas compensador, pois lhe rendia status e não era difícil, por um bom salário, acumular roupas, sapatos, ter a geladeira cheia, carros que o levassem para onde quisesse, sem se preocupar com o preço do combustível. A interpretação que fazia da Palavra de Deus, assim como a fé, tinha também sua ambiguidade. Escolhera o conforto, a inércia. Não compreendia a reprovação de Jesus: "Jamais podereis servir a Deus e ao Dinheiro" (Lc 13,16b). Confortava os pobres e sofredores apontando para o pós-morte, onde não haveria fome, nem doença e as pessoas se encontrariam com o Divino. Em Deus, segundo ele, não há o impossível. Conformar à situação deste mundo, sem perder a esperança na vida eterna, parecia ser seu método de pregação. Enquanto isso, tomava vinho e banqueteava com políticos e empresários corruptos, mesmo sabendo que reproduzia os interesses de uma classe que só se preocupava em acumular propinas e benefícios. Alguma coisa não andava bem. Sua fé era sustentada por uma falsa teologia, uma falsa alegria e um falso evangelho. Não seria também uma falsa fé ou uma fé inerte?

Um dia meu amigo acordou e se sentiu "desconfortável" nessa situação. Tomou seu café da manhã e, logo em seguida, abriu a bíblia encontrando um texto que o provocou. Era o evangelho de Mateus (7,15-21). Refletindo sobre os ensinamentos de Jesus, leu: "Cuidado com os falsos profetas. Eles vêm a vocês vestidos de peles de ovelhas, mas por dentro são lobos devoradores". Perguntou a si mesmo sobre suas atitudes e a eficácia de seus testemunhos. Sua pregação não seria um embuste? Não vendia uma ilusão? O dizer "Senhor, Senhor" não passaria de hipocrisia? Comparando-se a uma árvore, observou seus frutos e viu que "uma árvore boa não pode produzir frutos ruins". Percebeu que era preciso mudar e, a partir dessa mudança radical, começou a ser caluniado e perseguido por aqueles que antes o adoravam. Sentiu-se aliviado nas palavras de Jesus: "Bem-aventurados sois vós, quando vos injuriarem e perseguirem e, mentindo, disserem todo o mal contra vós por minha causa" (Mt 5,11).

Conforto não é sinônimo de alívio. C. S Lewis estava certo. Aplicou a palavra "confortável" no sentido de comodidade ou uma situação que não traz incômodos ou problemas. Alívio, aplicado por Jesus, quer dizer diminuição da carga, descanso dos incômodos e dos problemas. Assim, posso entender o que disse C. S. Lewis. Jesus não nos prometeu uma paz de cemitério, mas luta, enfrentamento, perseguição e cruz. É nessa situação que nos sentimos aliviados.

***

LIVRES E FIÉIS. Há tempos venho pensando sobre a "liberdade", e o evangelho de João me ajuda a pensar: "E conhecereis a verdade, e a verdade vos libertará" (Jo 8,32).

Sócrates, no século V a.C., ensinou que não há saber que não seja questionável: "Sei que nada sei". Também Aristóteles havia afirmado que o princípio da sabedoria é a dúvida. Talvez essas afirmações venham do fato de que, para a filosofia, o que importa não é a certeza, mas a sede do saber. Rubem Alves diria acerca disso: "É preciso que o desejo faça o corpo se mover para o amor" e, se não for assim, qualquer saber que venha do pensamento ou dos sentidos é inútil. Assim, o saber sobre a liberdade tem como motivação uma alma desejosa de amor, capaz de mover pensamentos e sentimentos em direção à verdade. O pensamento, ligado à vontade, dirige-se a uma situação mais segura, confortável e sem risco. A liberdade se movimenta a partir dessa aliança, eis o aspecto racional da liberdade. Há, porém, um "não saber" da liberdade, seu lado mais obscuro, sem sentido, irracional. É sobre esse aspecto que pretendo esticar mais minha reflexão.

O sentimento é cúmplice do desejo, não tem rumo nem remo. É como um veleiro empurrado pelo vento a um destino. Se a vontade diz "sei", o desejo diz "não sei". No sentimento, é assim: liberdade se confunde com desejo: desejo de se completar no outro. Nesse campo, não há certo ou errado, tudo está para ser descoberto. No sentimento, como diria Rubem Alves: "A amada morava no amante em uma memória anterior à história, aquela mesma memória na qual Santo Agostinho encontrou seu Deus". No sentimento a liberdade é subversiva. Não há pensamento que a define. É questão de alma e como bem decifrou Fernando Pessoa "sentir é pensar sem ideias, é compreender já que o Universo não tem ideias".

Liberdade, enquanto sentimento, é desejo de Transcendência. O apóstolo Paulo, apesar do cárcere, experimentou o inefável sentimento de ser livre. Eis o paradoxo: as grades que o cercavam por fora não o detinham por dentro (At 16,23-29). O desejo não se submete à vontade. O próprio Paulo é testemunho desse conflito: "Não faço o bem que quero, mas o mal que não quero esse faço" (Rm 7,19). Da mesma forma, outros mártires cristãos, do primeiro século, conheceram a liberdade. Inácio de Antioquia, enjaulado junto às feras do Imperador, sentia-se mais confortável diante da possibilidade de ser estraçalhado pelos animais do que se submeter a um poder despótico ou à falsa "libertas" romana. Dietrich Bonhoeffer, na Alemanha, sentia uma alegria indizível ao se opor ao sistema sanguinário nazista, repetindo com Paulo: "Não sou eu que vivo, mas Cristo vive em mim" (Gl 2,20). No Brasil, o frade dominicano Tito entendeu, como Jesus, que ninguém tira nossa vida, nós a entregamos em favor de outro mundo possível. Diante das torturas do corpo, a decisão da alma: o suicídio é o último ato da liberdade, o desejo de Transcendência é maior que a morte.

Liberdade, enquanto sentimento, é desejo de ser amado no outro. Jean-Paul Sartre estava certo. Por questões existenciais, somos condenados à liberdade. Helena de Troia era condenada à liberdade? Ela se entregava aos caprichos de Menelau, fazendo-se sua, em troca de poder e riqueza. Mas a liberdade pouco ouve a voz da razão. O desejo da rainha ancorava em outro desejo. O jovem guerreiro Paris estava disposto a pagar o preço, pôs a perder um reino, por causa de um sentimento. Shakespeare soube falar da liberdade. No campo do desejo, Julieta vê refletida em Romeu sua própria vida. Sem ele, a morte. Dirão que é prisão da paixão. Digo que é puro desejo. Aquele impulso de vida que ninguém pode conter; o frio no ventre, ao ver a pessoa esperada. Não, nenhuma lei é capaz de frear. O desejo é subversivo. Nele, instaura-se outra liberdade que, perdida em sentimentos, se autodescobre. Rubem Alves diria: "A amada morava no amante em uma memória anterior à história, aquela mesma memória na qual Santo Agostinho encontrou seu Deus".

Falar de liberdade parece muito fácil, principalmente quando pensamos em um estado tranquilo sem contestações externas e conflitos internos. Mas liberdade é mais que isso. Tagore escreveu: "Que eu não anseie medrosamente pela salvação, mas pela esperança e paciência para conquistar minha liberdade".

VÓS SOIS O SAL DA TERRA E LUZ DO MUNDO

(Mt 5,13)

Olha para mim e responde, Senhor,
meu Deus. Renova o brilho da vida em meus olhos.
Sl 13,3a

O SAL DA TERRA... Gosto das metáforas de Jesus, pois abrem novos horizontes, outros mundos possíveis. Nelas enxergamos algo que se descortina para além do objeto enunciado. Ser "sal da terra" não significa ser "o", mas ser "como". Metáfora é um termo que, substituído por outro, em uma relação de comparação ou analogia, deixa livre a interpretação, prezando mais pelo subtendido, do que pelo óbvio. Ao ensinar seus discípulos, Jesus os compara ao sal. "Vós sois o sal da terra; e, se o sal for insípido, com que se há de salgar? Para nada mais presta senão para ser lançado fora e ser pisado pelos homens" (Mt 5,13).

Na antiguidade, o sal era tão precioso que possuía valor de troca, daí a origem do termo "salário". Gregos e romanos viviam da comercialização desse produto. No século III a.C., Roma decretou guerra a Cartago a fim de obter o controle e a produção do sal no mar Mediterrâneo. Platão via essa substância como "dádiva divina".

Mais recente, nas grandes navegações e sob sofridas batalhas, Portugal conseguiu impor o produto em suas colônias. A dor das conquistas portuguesas foi cantada por Fernando Pessoa: "Ó mar salgado, quanto do teu sal são lágrimas de Portugal!/ Quantos filhos em vão rezaram!/ Quantas noivas ficaram por casar/ para que fosses nosso, ó mar!" Para Gibran Khalil Gibran, autor de "O Profeta", há algo de "estranhamente sagrado" no sal para que ele esteja no mar e em nossas lágrimas.

O sal tem a função de temperar a vida, mas, se usado em demasiada porção, pode ser prejudicial à saúde. A OMS (Organização Mundial da Saúde) recomenda ingerir pelo menos dois gramas diariamente de sal, não mais do que isso. Lembro que, quando criança não tínhamos geladeira no sítio, meu avô trocava fubá e rapadura por sal grosso para conservar as carnes, temperar a comida e alimentar o gado. O sal também serve para purificar a água da proliferação de bactérias. No Segundo Livro de Reis (2,19-22), há o relato de que alguns homens foram até Eliseu reclamar das águas contaminadas. O profeta pediu um prato de sal e, em nome de Deus, derramou-o no manancial. As águas foram purificadas. O sal serve também para destruir. No livro de Juízes (9,45), o rei Abimeleque e suas tropas entraram na cidade de Gaal, mataram os habitantes daquele lugar e derramaram sal sobre terra, matando as plantações e os animais.

O sal era frequentemente usado nas liturgias simbolizando fertilidade ou destruição, mas Jesus o abordou como símbolo na sacralidade da vida. Assim como o sal, temos capacidade de salvar a vida ou destruí-la: "Eu vim para que tenham vida em abundância" (Jo 10,10). O sal, nesta perspectiva, não tem o objetivo de espantar os maus espíritos, mas é metáfora de um espírito que se doa e que partilha.

Certa vez, um peregrino passou por uma aldeia, muito carente, bateu à porta de um barraco e pediu algo para comer. Uma senhora veio atendê-lo e disse não ter nada. O estrangeiro, de forma piedosa, respondeu à mulher: "Eu tenho uma pedra de sal, vamos transformá-la em comida". Ela, surpresa, perguntou: "O que posso fazer?", disse ele: "Encha as panelas d'água e coloque-as aqui". Enquanto improvisava um fogão a lenha, algumas mulheres se achegaram e, curiosas, esperaram pelo evento.

Pronto! A panela cheia d´água sobre o fogão e na mão uma pedra de sal. "Precisa-se de uma cebola picada", uma das vizinhas, esperando pelo milagre, correu a sua cozinha e trouxe uma cebola picada. Mexendo com uma colher de pau exclamou: "Que delícia! Vai ficar melhor ainda se alguém doar três dentes de alho e dez raminhos de cebolinha". Outra vizinha foi a sua horta, catou os ingredientes e os trouxe jogando-os dentro da panela. "Divino! Alguém, por caridade, consegue duas batatas e duas cenouras picadas?" Imediatamente, os legumes foram providenciados. Uma criança, observando a movimentação, revelou: "É o milagre da sopa!" Em seguida saiu correndo para contar aos pais. Todos esperavam, em torno do fogão, quando um casal chegou com alguns pães e frutas. Em ritual o estranho deu graças e lançou a pedra de sal sobre a sopa para que ficasse ainda mais saborosa.

"Sirvam-se!" Exclamou ele. Mas e os pratos e colheres? Alguém foi buscar. Os que estavam ali se serviram e, felizes, conversaram sobre o que acontecera. Após terem comido, viram que o forasteiro havia desaparecido. Ao pé do fogão havia um pedaço de papel e nele estava escrito: "Eu sou o pão da Vida; aquele que vem a mim jamais terá fome, e aquele que crê em mim jamais terá sede" (Jo 6,35). Aquela aldeia nunca mais foi a mesma. A lembrança do milagre é a motivação para a partilha e comunhão. Charles Chaplin disse: "O sal das lágrimas, muitas vezes, torna suave o rosto".

***

A LUZ DO MUNDO! Jesus disse: "Assim resplandeça vossa luz diante dos homens, para que vejam vossas boas obras e glorifiquem a vosso Pai, que está nos céus" (Mt 5,16). O Mestre ensinava a partir de uma tradição e provavelmente estava pensando no salmista que disse: "O Senhor é minha luz e minha salvação: a quem temerei? Ele garante minha existência; o que eu haveria de recear?" (Sl 27,1).

É noite... o tempo está frio... como se não bastasse o medo da escuridão. Há insegurança e desespero diante do futuro. A tripulação está exausta, à deriva. O barulho do vento e os constantes temporais acentuam o desespero. São muitos migrantes e refugiados: homens, mulheres e menores, a maioria desacompanhados, transportados como carga em uma longa viagem mar a dentro. Fogem da violência e da pobreza na Líbia. Alguém, lendo a Bíblia, repete a súplica de um Salmo: "Senhor, mantenha acesa minha lâmpada; Ó meu Deus, transforma em luz minhas trevas" (Sl 18,28).

Aquarius, o navio da Organização humanitária internacional Médicos Sem Fronteiras (MSF), aproxima-se. Suas luzes invadem a noite trazendo alegria e esperança à embarcação. É justo lembrar: "O choro pode durar uma noite, mas a alegria chega pela manhã" (Sl 30,5b). Alguém se importa com a fragilidade de um povo vítima de abusos, ameaçados de morte. É essa a situação de milhares de pessoas que deixam a Líbia e vão em direção à Europa e à América.

Ultimamente, quase onze mil migrantes foram resgatados no Mediterrâneo. A situação se torna ainda mais grave quando alguns países se fecham e recusam receber as embarcações de migrantes. Não basta esperar uma resolução sobre o combate às redes de tráfico humano, isso é importante, mas há situações que exigem resoluções imediatas. Estima-se que quase duas mil pessoas já morreram nessa travessia.

Leio o evangelho de Marcos (4,35-41) e o cenário que acabei de descrever me remonta à outra cena: os discípulos estão atravessando o mar, enquanto Jesus dorme no fundo do barco. De repente há uma tempestade de vento, e, apavorados, acordam Jesus que, imediatamente, acalma a tempestade. A situação dos discípulos e dos migrantes me faz pensar sobre nossa situação neste mundo e concluo: "Estamos no mesmo barco".

O barco representa nossa realidade: os discípulos são aqueles que, diante de Jesus, acreditam na vida. Não podemos impedir que venham os temporais, as ventanias e os perigos a que estamos expostos, o mais é importante é: como nos colocamos diante dos perigos? Com medo ou com fé?

Com medo? Muitas vezes nos sentimos sozinhos, no escuro, com uma sensação de impotência diante dos perigos externos. Há o medo da morte, de não conseguir atravessar o mar. Tudo isso nos causa espanto. Não vivi essa situação em um barco em alto mar, mas posso imaginar o medo, a tensão, a insegurança e o desespero. Penso no que os discípulos passaram, no que os imigrantes estão passando. Woody Allen observa que, na encruzilhada da vida, devemos escolher corretamente entre o caminho que leva ao desespero ou o outro que leva à total extinção. Não sou tão pessimista assim. Nesse grande navio, todos nós passamos por insegurança, esperando decisões políticas que possam nos aliviar.

Com fé? É preciso fé! E, como os discípulos, podemos com Jesus acalmar nosso coração para que possamos ver uma luz na escuridão, dirigir-nos em direção a ela, a fim de chegarmos seguros ao final de nossa jornada. Martin Luther King Jr. disse: "É preciso subir o primeiro degrau, com fé, sem a pretensão de ver toda a escada". Penso na alegria das pessoas subindo as escadas do navio Aquarius. Ainda que esse povo não conheça Jesus, vão saber que essa ação tem Espírito dele, pois são cristãos repetindo o que o Mestre disse: "Porque tive fome e destes-me de comer; tive sede e destes-me de beber; era estrangeiro e hospedastes-me; estava nu e vestistes-me; adoeci e visitastes-me; estive na prisão e fostes me ver" (Mt 25,35-36).

O mar, o barco, as pessoas. Como enfrentar tudo isso que nos choca todos os dias? Em sua *Carta a Lucílio* (CIV), Sêneca disse que, nesta vida ansiosa, só chegaremos ao porto seguro se desprezarmos os tormentos e os golpes que nos chegam, sem os esperar, sem nos perturbar. A humanidade, mesmo no desespero, tem sede de salvação, por isso, como dizia Ariano Suassuna, em um tom bem-humorado: "É melhor ser um realista esperançoso do que um otimista tolo ou um pessimista chato". A Igreja é um barco. Nela há pessoas com medo, mas com profunda fé. Que essa fé possa cultivar a certeza de que Jesus está neste barco e que seu porto seguro é um reino de luz e não de trevas; reino de amor e não de ódio e preconceito. Não interessa se estamos todos no mesmo barco, o mais importante é: como estamos neste barco?

***

A PALAVRA QUE TEMPERA E ILUMINA! Jesus disse: "Vós sois o sal da terra e luz do mundo..." A Palavra é sal e luz. Ela tempera e ilumina a vida. Li, certa vez, que tolo é quem fala sem pensar e sábio é quem pensa para falar. A palavra pensada, articulada, ponderada e proferida com cuidado traz libertação. Em uma das *Trezentas Pílulas de Sabedoria,* Rubem Alves escreve: "As palavras só têm sentido se nos ajudam a ver um mundo melhor. Aprendemos palavras para melhorar o mundo". Tem toda a razão! O que seria da existência humana sem o jogo das palavras? Palavras faladas ou silenciadas. Elas só servem se for para melhorar o mundo, trazer mais amor e esperança.

Palavras faladas. Basta ler os primeiros capítulos da Bíblia, em Gênesis, para ver que Deus soprou a vida e seu hálito veio em forma de palavra: "Faça-se". Ao criar o ser humano, Deus deu a ele a missão de cuidar dos jardins, dos animais do campo, das aves do céu, enfim, de toda criação. Era preciso que, como o Criador, o primeiro ser vivente pudesse partilhar do sopro criador nomeando cada ser criado, isto é, chamando-o pelo nome. Tudo começa a ter sentido quando uma palavra é assoprada. Ela nos tira da confusão, organiza nosso pensamento, traz-nos alegria e nos devolve a razão de viver.

Gabriel García Márquez sabia que uma palavra dita, no lugar certo e na hora certa, poderia trazer esperança e novo sentido à vida. Já, com idade avançada, escreveu um romance: *Memória de minhas putas tristes.* É a história de um velho jornalista, que mais parece sua própria história. Na véspera de completar noventa anos, constata que perdeu seu precioso tempo fugindo da solidão. Porém, quanto mais ele foge, mais dela ele se aproxima. Voltar atrás? Começar de novo? É tarde! *Tempus fugit*. Sem ninguém para comemorar seu aniversário, exceto uma empregada triste e um gato doente, ele resolveu se presentear. Talvez fosse o último presente: uma noite de amor com uma jovem. Seria "o início de uma nova vida, em uma idade em que a maioria dos mortais já está morta". Uma antiga colega providencia o encontro. E agora? Assolado pelo medo, ele não se atreve. Prefere passar a noite admirando o corpo adormecido de Delgadina. Para ele, não há mais o que fazer nesta vida. Apesar de não possuir o vigor da juventude, não custa nada tentar outra vez. Aos noventa e um anos, afinal, consegue a proeza: conseguira concluir o que tanto esperava. Agora pode morrer em paz. Enquanto espera a morte, chega-lhe aos ouvidos a voz da antiga amiga: "Essa pobre criatura está zonza de amor por você". Que poder tem as palavras diante da desesperança e do vazio construídos em um século de vida? "Zonza de amor"? Ninguém nunca havia dito isso a ele ou, se disse, ele nunca escutou. A palavra tem o poder de se tornar carne. Radiante, vê tudo transformado, pois algo muda dentro dele. Um jogo de palavras muda a forma de o velho ler o mundo, as coisas e as pessoas. Não há mais escuridão. A luz se fez. Talvez pudesse parafrasear o poeta Tagore: "Minha jovem, tua simplicidade revela *minha* verdade profunda, como o azul do lago". O que era pranto torna-se riso e, como nunca, sua empregada cantarola de alegria, e o gato, que parecia estar doente, ora esbanja saúde. Não espera mais na morte, pelo contrário, está convicto de que a vida começa aos cem e, para ser feliz, não importa a idade avançada.

Ao ler esse romance, lembrei-me do escritor francês Victor Hugo. Ele também pensava que a palavra, apesar de sua capacidade destrutiva, tem o poder de ressuscitar. Ela "tem a leveza do vento e a força da tempestade"; pode exorcizar o que nos angustia e desespera, trazendo-nos de volta à beleza da vida. O poeta indiano Rabindranath Tagore em seu livro: *Pássaros Perdidos* diz: "Lemos mal o mundo e dizemos que ele nos engana". Concordo! Quem lê mal menos compreende e pouco se enxerga. Que leitura fazemos do mundo e da condição humana? Não é melhor aprender, com Tagore, que Deus não desistiu da humanidade do que antecipar o "terrível" dia em que todas as coisas serão destruídas? Não é melhor aprender, de forma poética, que "a noite beija o dia que entardece, sussurrando-lhe ao ouvido: 'eu sou tua mãe, a morte, e vou dar-te um novo nascimento'"?

Encanta-me quem sabe brincar com os conceitos. O jogo com as palavras forma uma linguagem capaz de construir e transformar mundos. Não foi em vão que o evangelista João identificou a sutileza de Deus: "No princípio era a Palavra, e a Palavra estava com Deus e a Palavra era Deus". Jesus, pelo poder da palavra, devolveu o colorido à vida, indicando que o sopro, com amor, devolve a esperança, transforma vidas e mostra o caminho da felicidade, ainda neste mundo.

Quando as palavras não servem "para melhorar o mundo", é melhor silenciá-las, pois o silêncio também é um valor importante nas relações humanas, como dizia Paul Valéry: "Há momentos infelizes na vida em que o silêncio se torna o meio de liberdade". As palavras têm o poder de nos tornar livres ou escravos. O apóstolo Tiago sabia disso: as palavras podem construir ou destruir; uma vez lançadas ao vento, dependendo de quem e com que intenção as sopra, provocam danos irreparáveis. Tiago pedia cuidado aos fiéis no trato com a palavra, pois "com a língua bendizemos o Senhor e Pai, porém com ela amaldiçoamos nossos semelhantes, criados à imagem de Deus".

Saber falar e saber calar. Sábio é quem sabe que a fala deve servir para melhorar a vida, mas é também quem silencia a língua quando ela se inclina ao ódio e à morte. Rubem Alves bem escreveu: "as palavras carregam consigo as proibições, as exigências e expectativas".

Leio algo da sabedoria oriental: "Quando ouvir algum comentário maldoso sobre os outros, não compartilhe com ninguém; quando ouvir algo sobre os maus atos de alguém, evite comentários e procure esquecer o que escutou; porém, quando ouvir palavras que exaltam as virtudes de uma pessoa, lembre-se delas e compartilhe com todos". A palavra deve servir para iluminar a vida das pessoas.

CULTIVAR A SEMENTE DO BEM

Assim como uma vela acende outra e pode acender milhares de outras velas, um coração ilumina outro e pode iluminar milhares de outros corações.
Leon Tolstói

Sempre sou provocado por uma máxima antiga, resgatada por Platão, atribuída a Sócrates, seu mestre: "Sei que nada sei". Aqui com meus botões, surgem algumas perguntas que me fazem pensar a cultura: acolho esta ideia e vivo como um completo ignorante de mim mesmo e das coisas a meu redor? Aparento-me ignorante e no fundo escondo minha capacidade de ver, analisar e mostrar saídas inteligentes para uma cultura de vida? Devo me expor, consciente de que é uma posição e que não se trata, diante do outro, de ser mais ou menos ignorante? São questionamentos que provocam minha reflexão em relação à cultura.

A máxima socrática incomoda. O educador Paulo Freire, certa vez, fora abordado por um lavrador que humildemente se dizia ignorante e pediu para ser alfabetizado pelo sr. Doutor. O professor então, agachando-se, disse ao pobre senhor: "Eu também sou ignorante". Ele se referia ao não saber sobre os processos de plantio e colheita no campo. Para ele, ninguém é ignorante de tudo ou sabedores de tudo. Ninguém é tão sábio que não possa aprender, e ninguém é tão ignorante que não tenha o que ensinar. O entendimento do mestre ultrapassa a simples noção da "pessoa culta". Nessa direção, podemos dizer que o "nada sei" pode ser entendido não como um "saber menos" diante de um "saber mais"; não diz respeito à quantidade de saberes, mas aos diferentes saberes.

Vivemos em um mundo de aparências onde o engano é uma marca desse tipo de conduta. Há um modelo de sociedade, exposto pelos meios de comunicação social, que cultiva o egoísmo e o consumismo como a melhor forma para se viver. Nesse tipo de cultura, o ser reduz sua autenticidade em função dos bens que pode adquirir e, nesse sentido, até a posse do diploma, como declarou Paul Valéry, pode ser "inimiga da cultura".

Não devo ignorar meu conhecimento, minha capacidade de analisar a realidade e enxergá-la com o olhar crítico. Sabendo que há um sistema que busca manipular as pessoas, não é justo viver ignorando essa realidade social, em que os mais simples são os mais injustiçados por causa desse saber.

Muitas vezes ignoramos a sabedoria do outro achando que o conhecimento sobre nós e as coisas é o suficiente para ensinar as pessoas a viverem. Prefiro lembrar Platão que, em sua alta filosofia, reconheceu que a inteligência não é sinônimo de sabedoria e que sem amor ou doação ela é infrutífera. É preciso plantar amor para que se produza amor e a cultura seja louvada. Martin Luther King pregava que uma cultura não pode ser honrada com genocídio, mas com amor e respeito às diferenças.

A palavra cultura aponta para seu sentido: cultivar. Quando criança morei na roça. Não era fácil o acesso à vila urbana e, como os agricultores da redondeza, tínhamos a ilusão de que na cidade é o melhor lugar para se viver. Lá eu via meus tios e avós arando a terra; plantavam, colhiam e administravam a produção para o próprio consumo e alguns produtos eram vendidos ou trocados. Uma vez, em uma conversa à mesa, na hora do jantar, meu tio mais novo contestou que a colheita daquele ano fora fraca e que, se continuasse assim, teriam de vender a propriedade, dividir o dinheiro e ir para a cidade para estudar e ficar rico. Meu avô, iletrado, mas sábio no que dizia respeito à vida, disse que ali ele tinha criado doze filhos e as dificuldades que passavam faziam parte do trabalho de viver. Nesse sentido, a terra devia ser trabalhada, plantada e, ainda que muitas sementes não germinassem, a colheita só viria após muito trabalho. Ele percebera que na fala do filho morava a ambição e o egoísmo. Talvez a parábola de Jesus (Mt 25,14-30) sobre o servo que escondera o talento e não o fez multiplicar pudesse ser aplicada a esse rapaz.

Eu não cheguei a ver meu avô colhendo espigas ou grãos, mas a imagem de um velho semeador nunca me saiu da memória. Essa analogia se aplica, de maneira geral, à produção de cultura e me faz lembrar de outra parábola de Jesus (Mt 13,1-8): certo homem saiu semeando, e uma parte das sementes caiu à beira da estrada, vieram os pássaros e as comeram. Outra parte caiu no meio das pedras, onde havia pouca terra, e, apesar de brotarem, essas sementes logo secaram por falta de raízes. Outra parte caiu entre os espinhos, porém foi sufocada e secou. A parte que caiu em terra boa deu frutos: 30, 60 e, até mesmo, 100 vezes mais do que havia sido plantado.

Em uma cultura há quem semeie pelo simples desejo de semear e não põe sua expectativa no futuro e nas riquezas que os frutos produzirão; o que vier é, dom é graça; há quem espera colher o que não plantou e vive como se o mundo lhe fosse devedor; como se tivesse medo de aumentar o que lhe fora confiado.

Temos o trabalho de semear a melhor semente e devemos colocar amor nisso, mesmo que algumas não deem frutos. A vida tem o sentido que damos a ela. Quem semeia com amor, mesmo sabendo que as coisas podem não dar certo, não desiste, continua acreditando. É preciso maturidade e humildade para semear.

A escritora maranhense, Ita Portugal, fala de uma cultura da maturidade: "Precisamos diminuir o barulho, caminhar mais devagar, prestar atenção em quem chega, abaixar a cabeça e colocar a humildade para funcionar. Somos grandes, quando somos pequenos".

***

NASCER DE NOVO. Leon Tolstói faz pensar: "A Falsa fé é a causa principal da maioria de nossas infelicidades". Certa vez, um homem, angustiado com a situação de injustiça em sua sociedade e atordoado por constantes pesadelos, mal conseguia dormir e descansar. Era uma pessoa importante na política e na liderança religiosa de seu povo. Em uma noite de insônia, começou a se questionar e a ver que algumas coisas não faziam mais sentido em sua vida.

Abriu os olhos e viu governantes enriquecerem sob um pesado sistema de tributos e impostos; viu o incentivo econômico aos grandes produtores rurais que exploravam o trabalho do pequeno camponês, deixando-o em situação de escravo. Muitos perdiam suas terras para os latifúndios. Viu sua espiritualidade instrumentalizada em favor do poder e da riqueza. A religião tornara-se um mercado, em que se comprava e vendia expulsões de demônios e bênçãos de prosperidade. Ela servia ao lucro. Seu Deus, temido acima de tudo e todos, tinha a imagem de um supremo juiz que determinava quem tinha direito a viver e morrer. Um Deus adorado às custas da exploração dos pobres. Estes nada mais possuíam senão a força de trabalho e se viam forçados a vendê-la em nome da sobrevivência. Seu pequeno país batia continência para o grande Império que, ao impor uma cultura das armas e do dinheiro, ameaçava a democracia e a liberdade de expressão.

Este homem de quem eu falo é Nicodemos, uma autoridade judaica na época de Jesus. Ao se sentir incomodado pela vida e pelos ensinamentos do Mestre, saiu à noite procurando seu Senhor (Jo 3,1-22). Nicodemos era um dos que manipulava a Escritura e as Leis em favor da dominação judaico-romana na Palestina. Jesus pregava o Reino de Deus se opondo aos poderes políticos e religiosos, representados por Herodes, Pilatos, fariseus, saduceus e sacerdotes. A ética do Profeta de Nazaré provocara Nicodemos, mas ele, ao contrário de seus amigos, deixou-se tocar pelo espírito do amor, acolhendo palavras de liberdade, fraternidade e igualdade, características do novo Reino.

O velho Nicodemos aprendeu que "nascer de novo" não era voltar ao ventre materno, mas compreender e viver a vontade do Pai, que diz: "Misericórdia quero, não sacrifícios" (Mt 9,13a). Apesar de líder em Israel, ele se colocara no espírito do Mestre, isto é, em seu batismo, palavra que, no sentido teológico, quer dizer "salvo do afogamento". Quem já passou pelo afogamento sabe o que significa nascer de novo. Nicodemos entendeu que o velho homem, carregado de falsas ideologias, devia ser afogado. Era preciso um novo respiro, por isso a palavra espírito, para que a máxima "a verdade vos libertará" (Jo 8,32b) não fosse só uma teoria para ilustrar discursos de preconceito e ódio em relação ao diferente. O poeta e contista Charles Bukowski diria que, nesse sentido, podemos compreender o que significa viver dez ou quinze mil vidas.

Olho para o Brasil e deparo com a mesma realidade da época de Jesus. Quando tomou posse o novo presidente da República, em 1/1/2018, milhares de pessoas atravessaram a noite escura, apostando no novo governo como "salvador" de suas vidas. Há pesadelos que atordoam: como será o amanhã? Como Nicodemos, é preciso "nascer de novo", deixar-se salvar pelo verdadeiro Senhor; é preciso ficar atento às velhas estruturas que insistem em impor e manter a desigualdade entre as pessoas e a injustiça na distribuição de renda e de poder. Ainda que tristes, é preciso questionar a fé e perguntar se ela promove comunhão e vida. Lembrando as palavras do amigo e saudoso Rubem Alves: "Os que bebem juntos da mesma fonte de tristeza descobrem, surpresos, que a tristeza partilhada se transmuta em comunhão".

A poeta Cora Coralina encanta ao dizer que um espírito, no meio da noite, ensina a iluminar o caminho e não desistir do amor; a renascer na luta e na renúncia à opressão; a acreditar nos valores humanos e enxergar um reino que visita a alma e renasce nos corações sensibilizados com a dor dos mais necessitados. É esse espírito que, no meio da noite e do alto da montanha, escreveu Chico Xavier: faz renascer os mais sublimes sonhos para a humanidade. É esse espírito que nos ilumina em busca da verdadeira felicidade.

PRUDÊNCIA: UMA LIÇÃO DA MONTANHA

Todas as vezes que leio o Sermão da montanha (Mt 5,13): "Vós sois o sal da terra", penso na virtude da prudência. O termo *Prudência* vem do grego *Phronésis* e significa prevenção ou precaução. Na Idade Antiga e Medieval compunha, juntamente com a justiça, a coragem e temperança, as virtudes cardeais. Virtude era entendida como "sabedoria prática", arte de conduzir racionalmente a ação evitando as inconveniências e os perigos da vida. É importante que em momentos de crise política, econômica e moral esse termo seja resgatado e ocupe um espaço em nosso pensamento.

Em *A Arte da Prudência,* o filósofo espanhol, Baltasar Gracián, aconselha o cidadão a nunca perder o respeito por si mesmo. Essa relação de cuidado consigo mesmo é a raiz de todo relacionamento. Escreveu: "É melhor que deva mais à severidade de sua opinião do que a todos os preceitos externos. Que deixe de fazer o indecente mais pelo temor de sua própria sabedoria e consciência do que pelo rigor da autoridade alheia". É importante, na arte da prudência, que a pessoa se autoconheça, pois é nessa direção que ela será "tão dona de si mesma que nem na prosperidade nem na adversidade possa ser criticada por haver perdido a compostura".

Prudência é um valor essencial à vida, é qualidade de quem vive precavido em relação a si mesmo, aos outros e ao mundo. Platão tinha razão: para entender o mundo é preciso, em primeiro lugar, conhecer a si mesmo. Mais tarde, Cícero, filósofo romano, disse que há em nós coisas desejáveis e coisas a serem evitadas; e só pode discernir essas coisas quem cultiva a arte da prudência.

Nessa arte, a pessoa não deve ser pessimista o bastante para que não desanime em sua caminhada nem demasiadamente otimista a ponto de se contentar com a própria mediocridade. A busca da prudência é uma batalha que o ego trava consigo, pois, se por um lado, ele procura revelar seu verdadeiro caráter, por outro lado, sabe que a verdade absoluta sobre si não pode ser revelada a qualquer custo, a qualquer um e em qualquer lugar. Prudência é uma virtude que exige autoconhecimento e, talvez, seja por isso que São Tomás de Aquino, à luz da ética aristotélica, concebeu-a como "a mãe de todas as virtudes". Sócrates, já no século V a.C., havia feito uma apologia à prudência ao aconselhar: "Conhece-te a ti mesmo".

A partir do autoconhecimento, a pessoa saberá o que pode ou não ser revelado ao outro e ao mundo. O sábio Lao-Tse dizia que prudência é a qualidade dos iluminados e poderosos: "Quem conhece os outros é sábio, mas quem conhece a si mesmo é iluminado; quem derrota os outros é forte, mas quem vence a si mesmo é poderoso".

Prudência requer transparência em relação ao outro, porém não mais do que o cuidado em relação a si mesmo. Acerca disso escreveu Gracián: "Se é verdade que um amigo vale tanto quanto o universo inteiro, seja amigo de si mesmo e poderá viver na absoluta solidão". É prudente também não se mostrar, não falar... resguardar-se antes de emitir qualquer opinião sobre tudo e todos, pois como observava Rousseau: "os medíocres falam demais, e os sábios falam pouco".

Prudente é saber das próprias limitações. É saber que o "eu" não se entrega por completo ao outro. Há sempre, na relação com o outro, uma parte ausente de mim que não deseja aparecer e ser compreendida. Cecília Meireles, de forma singela, expressou isso. Em seu poema *Lua Adversa* se compara às fases da lua: "Tenho fases como a lua... fases de andar escondida, fases de ir para a rua".

Ser prudente é isso. Não correr o risco de desnudar minha alma, expor minha fragilidade, meus sentimentos, dores e meu choro. Por mais que eu busque a compreensão do outro, escancarando-me a ele, só consigo que ele me enxergue ou escute a partir da compreensão que ele tem de si mesmo. A ausência da absoluta verdade sobre mim vai permanecer, independentemente de minha fala ou meu silêncio. Clarice Lispector se queixava de não saber dizer sobre si mesma e, quando sabia, não podia, pois devia ser claramente explícita em relação a seu gosto "doa em quem doer". Sentia-se limitada e mergulhada em um silêncio que gritava mais alto: "O que sinto não é traduzível. E, mesmo que eu falasse, haveria um grande silêncio".

É nesse sentido que a prudência tem seu valor. Não por revelar tudo sobre o caráter de uma pessoa, mas por saber o momento certo de ser revelado, evitando assim aborrecimentos. Há coisas que é melhor não serem mostradas, mas refletidas e repensadas, antes de serem descortinadas. Confúcio, na antiguidade, entendia que a prudência era uma qualidade dos sábios. Ensinou a seus seguidores a exigir mais de si mesmos e esperar pouco dos outros. Para ele, forte não era quem vencia a guerra, mas quem vencia a si mesmo e, nessa vitória, libertava-se diferenciando-se dos medíocres. Nesse mesmo pensamento, Sêneca observou que aquele que é amigo de si mesmo não encontra felicidade em prejudicar o próximo.

Na prudência faço amigos, não pelo que posso ganhar deles, mas pelo que eles me revelam sobre mim mesmo. Por isso, é importante que, se alguém vem a mim, sinta minha cordialidade e nunca saia com a sensação de perda e danos.

Ouço a música *Mais uma vez,* na voz de Renato Russo, e percebo que a prudência, mais do que precaução, em relação ao outro, é cautela e cuidado em relação a mim mesmo:

> Nunca deixe que lhe digam que não vale a pena
> acreditar no sonho que se tem;
> ou que seus planos nunca vão dar certo;
> ou que você nunca vai ser alguém.
> Tem gente que machuca os outros;
> tem gente que não sabe amar...

Em Mateus (5,13-16), Jesus afirma que os cristãos devem ser sal da terra e luz do mundo, para que suas obras sejam percebidas e o Reino de Deus seja estabelecido. Não posso evitar que me desanimem ou me machuquem, porém posso evitar de perder a confiança em mim mesmo. À luz de Provérbios (24,3), devo entender que é com sabedoria que se constrói a casa, mas também é pela prudência que ela se consolida. A prudência, enquanto valor ético-cristão, faz-me refletir sobre a linguagem e a força da Palavra, que, a um só tempo, pode construir ou destruir; levar à vida ou à morte.

Este livro foi composto com as famílias tipográficas AvantGarde-Demi e Calibri Light
e impresso em papel Offset 75g/m² pela **Gráfica Santuário.**